本书系重庆市社会科学规划英才计划项目“党内法规制定权限研究”（2021YC054）研究成果，并受中国博士后科学基金第 13 批特别资助项目（资助编号：2020T130550）、中国博士后科学基金第 65 批面上资助项目（资助编号：2019M653329）、重庆市博士后研究特别资助项目、西南大学中央高校基本科研业务费专项资金能力提升项目（批准号：SWU2209201）、西南大学创新研究 2035 先导计划（SWUPilotPlan033）出版资助。

# 党内法规制定权限研究

DANGNEI FAGUI ZHIDING QUANXIAN YANJIU

赵 谦◎著

人民出版社

# 目　录

# 序

党的二十大报告对进入新时代十年来党和国家事业取得历史性成就、发生历史性变革所作的总结概括中，其中之一是“我们深入推进全面从严治党，坚持打铁必须自身硬，从制定和落实中央八项规定开局破题，……形成比较完善的党内法规体系，推动全党坚定理想信念、严密组织体系、严明纪律规矩”。习近平总书记在论述完善党的自我革命制度规范体系时，进一步强调：“坚持制度治党、依规治党，以党章为根本，以民主集中制为核心，完善党内法规制度体系，增强党内法规权威性和执行力，形成坚持真理、修正错误，发现问题、纠正偏差的机制。”加强党内法规建设，是全面从严治党、依规治党的必然要求，是建设中国特色社会主义法治体系的重要内容，是推进国家治理体系和治理能力现代化的重要保障，事关党长期执政和国家长治久安。

自中国共产党诞生以来，党内法规制度建设与党的奋斗历程相伴相随，与党的建设和党的事业同向同行。中国共产党始终坚持以党内法规制度实现党内治理以保证党的执政能力和执政水平，体现了中国特色社会主义制度的优势，也为世界政党治理贡献了中国方案和中国经验。

党的十八大以来，制度治党、依规治党的态势显著，出台一系列标志性、关键性和引领性的党内法规文件，以推动形成比较完善的党内法规体系。党内法规的体系化水平决定了党内法规制度建设的完备程度，而影响党内法规体系化的关键点就在于其内部是否能形成有机统一的整体。围绕微观视域的制定权限命题，对党内法规制定权限进行描述性、解释性或探索性研究，有助于廓清党内法规制定权限的事项范围和可能事项冲突的弥合进路，亦有助于确立、丰富相应的党内法规制定理论。

赵谦教授的新作《党内法规制定权限研究》，正是着眼于党内法规的体系状态，围绕党内法规制定权限的规范内涵、科层化事项配置、组织行为、自我规制、元规制五个方面展开，从概念到规范乃至行为、规制层面，对党内法规制定权限命题展开逐次阐明与多维类型化的解构与建构。以党内法规制定权限的规范内涵为基础，厘清制定不同层级党内法规的权限事项表达，并根据相关规范设定在组织型社会系统中的不同功能定位来重新架构党内法规制度体系，以及结合自我规制理论和元规制理论在党的政治领导规范、组织领导规范和思想领导规范场域中予以建构与检视，研究内容较为全面、丰富，具有一定的前瞻性。

本书尝试跳脱搬抄国家层面法律规范体系研究的窠臼，回归至党内法规的基本范畴来识别和凝练党内法规的规范特性。本体释义与场域检视的“解构与建构”式二阶研究进路，初步成就了具有鲜明特色的双向复合研究进路。“解构—释义”研究立足于党内法规的狭义规范定义，并将党内规范性文件列入延伸性研究范围，来尝试厘清各类规范意义的党内法规制定主体制定、认可、解释、评估和废止相应规范性文件所涉权力的特有属性，进而从政党组织行为维度，来界分功能适当化党内法规制度体系架构下各类党内法规规范的制定权限范围。“建构—检视”研究则尝试将其置于党的领导规范场域中，围绕党的政治领导规范、组织领导规范与思想领导规范，来显明党内法规制定权限的具体事项配置；并在自我规制、元规制策略引领下完成三类领导规范的规范属性识别，进而阐明其制定权限事项的表达要旨，以探究检视性提升该类规范性文件质量与效能的可行方向。

本书的另一特色是研究理论相对丰富，引入了组织行为理论、自我规制理论、元规制理论等，对于拓展党内法规研究的视域范围具有一定的突破性。依托组织行为理论从政党组织行为维度，来界分体系架构、干部人事和纪律检查这三类党内法规规范的制定权限范围；依托自我规制理论，来完成党的政治领导规范与组织领导规范的规范属性识别和制定权限事项表达；依托元规制理论，来明晰其推动其他社会成员与执政党达成在意志、利益诉求乃至执政理念方面协调、契合之思想共识的特定准则和依据。

我作为赵谦教授在西南政法大学博士后科研流动站工作期间的合作导师，看到他基于博士后出站报告的新作付梓，由衷感到欣慰。作为一部在党内法规学研究领域具有一定开创性抑或争议性的著作，其具体观点还有待在实践中得以检验和丰富。学术研究当有专注的勇气和毅力，时刻保持自律和自勉。本书作为赵谦教授长期以来持续关注党内法规学研究的新成果，在一定程度上记载了他在这个领域辛勤耕耘的收获，后续期待他在党内法规学研究领域有更多、更有价值的研究成果。

是为序。

2023年2月19日

于西政宝圣湖校区

# 引　言

党内法规作为中国特色社会主义法治体系中的一类“实践先行提炼在后”① 的子体系形态，初步实现了我国“法治话语体系的重要变革和创新”②。党内法规经过两次集中清理③后，其体例结构、数量规模虽已大体成型，但仍存在着较为明显的狭义规范定义与广义学理定义之界分。狭义规范定义出自《中国共产党党内法规制定条例》（2012 年制定，2019 年修改）④（以下简称《制定条例》）第 3 条、第 5 条之规定，即“党内法规规范”⑤ 的基本内涵应仅限于四类制定主体以七类规范体例来命名的规范性文件。广义学理定义则在其的基础上，还将“党的纪律、党的规矩”⑥

① 王伟国：《国家治理体系视角下党内法规研究的基础概念辨析》，《中国法学》2018 年第 2 期。

② 陈柏峰：《党内法规的功用和定位》，《国家检察官学院学报》2017 年第 3 期。

③ 参见《中共中央完成党内法规和规范性文件第二次集中清理工作》，中华人民共和国中央人民政府网，2019 年 4 月 11 日，http://www.gov.cn/xinwen/2019-04/11/content_5381519.htm。

④ 参见《中国共产党党内法规制定条例》，共产党员网，2019 年 9 月 15 日，https://www.12371.cn/2019/09/15/ARTI1568543149826724.shtml。

⑤ 宋功德：《党规之治》，法律出版社 2015 年版，第 18 页。

⑥ 李林：《科学定义“党内法规”概念的几个问题》，《东方法学》2017 年第 4 期。

等党内规范性文件和以“监察法规”① 为核心的监察规范性文件皆纳入其中，只要是以中国共产党名义单独制定或与相应国家机关联合制定的各类规范性文件，皆属于党内法规。

党内法规制定权限往往指向相关主体制定相应党内法规所涉权力的事项范围与行为程度。设置执政党不同层级组织制定不同类型党内法规规范的权力边界，本身即是执政党作为一类“以党的自我革命引领社会革命”② 之积极行使公共权力的政治性组织集合体，通过自主行为来“自发地约束其所实施的活动，使其职权在合法合理范围内运行”③ 的一种羁束性自我革命活动。其也逐渐从学理概念转进为特有属性较为明晰的凸显实体、程序“羁束性”④ 之实定法意义的规范概念，以切实助推党内法规迈入“有统筹、重导向、成体系的‘发展快车道’”⑤。

近年来，党内法规制度体系的“有机统一整体”⑥ 结构设计，为增强其“系统性、整体性、协同性”⑦ 提供了必要的基础要件，但仍存在

① 《全国人民代表大会常务委员会关于国家监察委员会制定监察法规的决定》，中国人大网，2019年10月26日，http://www.npc.gov.cn/npc/c30834/201910/911aed040a7948a3b2679568d6216140.shtml。

② 习近平：《高举中国特色社会主义伟大旗帜　为全面建设社会主义现代化国家而团结奋斗》，《人民日报》2022年10月26日。

③ 于立深：《多元行政任务下的行政机关自我规制》，《当代法学》2014年第1期。

④ 王贵松：《行政裁量：羁束与自由的迷思》，《行政法学研究》2008年第4期。

⑤ 周叶中：《关于中国共产党党内法规体系化的思考》，《武汉大学学报（哲学社会科学版）》2017年第5期。

⑥ 《中共中央印发〈关于加强党内法规制度建设的意见〉》，共产党员网，2017年6月25日，https://news.12371.cn/2017/06/25/ARTI1498388905892459.shtml。

⑦ 《中共中央印发〈中央党内法规制定工作第二个五年规划（2018—2022年）〉》，中华人民共和国中央人民政府网，2018年2月23日，http://www.gov.cn/zhengce/2018-02/23/content_5268274.htm。

一定的"抽象性"[①]、"过渡性"[②] 有余而"定量规定和可操作性"[③] 不足问题。特别是在党内法规制定权限面向，"制度空白和配套法规滞后"[④]、"与中央党内法规不协调"[⑤] 等现象仍时有发生，从而使得党内法规制定权限命题研究渐成学界热点。所涉宏观理论研究往往置于党内法规的广狭义范畴命题界分[⑥]、党内法规与国家法律的关系阐释[⑦]及其协调衔接进路梳理[⑧]等问题研究中而具体展开，相应中观制度研究则结合整体性党内法规制度体系建构[⑨]、体系健全完善[⑩]等问题研究而附带性进行，不多的微观适用研究主要涉及党内法规的规范属性[⑪]、制定权限划分与制定程序[⑫]、

---

① 段磊：《党内法规解释制度活跃性困局的消解及其发展》，《现代法治研究》2019 年第 3 期。

② 莫纪宏：《党内法规体系建设重在实效》，《东方法学》2017 年第 4 期。

③ 曹冬英、王少泉：《中国共产党党内制度短板的演变历程及补齐途径》，《领导科学》2016 年第 32 期。

④ 马迅：《党内法规有序运行的影响因素与保障机制论析》，《理论导刊》2020 年第 5 期。

⑤ 管华：《党内法规制定技术规范论纲》，《中国法学》2019 年第 6 期。

⑥ 参见李林：《科学定义"党内法规"概念的几个问题》，《东方法学》2017 年第 4 期。

⑦ 参见李树忠：《党内法规与国家法律关系的再阐释》，《中国法律评论》2017 年第 2 期；王勇：《再论党内法规与国家法律间的关系》，《理论与改革》2017 年第 3 期；周望：《论党内法规与国家法律的关系》，《理论探索》2018 年第 1 期。

⑧ 参见操申斌：《党内法规与国家法律协调路径探讨》，《探索》2010 年第 2 期；马立新：《党内法规与国家法规规章备案审查衔接联动机制探讨》，《学习与探索》2014 年第 12 期；秦前红、苏绍龙：《党内法规与国家法律衔接和协调的基准与路径——兼论备案审查衔接联动机制》，《法律科学（西北政法大学学报）》2016 年第 5 期。

⑨ 参见王振民：《党内法规制度体系建设的基本理论问题》，《中国高校社会科学》2013 年第 5 期；王建芹：《法治视野下的党内法规体系建设》，《中共浙江省委党校学报》2017 年第 3 期；莫纪宏：《党内法规体系建设重在实效》，《东方法学》2017 年第 4 期。

⑩ 参见韩强：《论健全完善党内法规体系》，《中国井冈山干部学院学报》2014 年第 6 期；伊士国：《论形成完善的党内法规体系》，《学习与实践》2017 年第 7 期。

⑪ 参见徐信贵：《党内法规的规范属性与制定问题研究》，《探索》2017 年第 2 期。

⑫ 参见童彬：《党内法规制定权和程序机制研究——以副省级城市和省会城市党委制定党内法规为例》，《探索》2018 年第 2 期。

制定技术①、体系化评估标准②等专门性问题。但围绕党内法规制定权限命题，既没有进行应然层面的事项范围之表达要旨描述性研究，也没有就实然层面的可能事项冲突展开解释性或探索性研究。

党的二十大报告对“党的自我革命永远在路上”③ 的庄严宣告，即寓意了执政党作为自我革命者全面推进从严治党的使命定位。则有必要从作为自我革命者的执政党“解决什么是实现所要求绩效的最佳方式”④ 的角度，立足于2017年《关于加强党内法规制度建设的意见》⑤相关规定所确立的“1+4”框架体系下组织、领导、自身建设、监督保障这四大板块，针对党内法规制定权限命题，展开规范内涵、事项配置与组织行为维度的“解构—释义”研究，以及自我规制、元规制策略引领下的“建构—检视”研究。

一方面，就该命题的“解构—释义”之初阶研究进路而言，不妨首先立足于党内法规的狭义规范定义，并将党内规范性文件列入延伸性研究范围，来尝试厘清各类规范意义的党内法规制定主体“制定、认可、解释、评估和废止”⑥ 相应规范性文件所涉“有限法律权力”⑦ 的特有属性；进而从政党组织行为维度，来界分功能适当化党内法规制度体系架构下各类党内法规规范的制定权限范围。

---

① 参见管华：《党内法规制定技术规范论纲》，《中国法学》2019年第6期。

② 参见李福林：《党内法规评估标准体系化探究》，《广东社会科学》2019年第2期。

③ 习近平：《高举中国特色社会主义伟大旗帜　为全面建设社会主义现代化国家而团结奋斗》，《人民日报》2022年10月26日。

④ 高秦伟：《社会自我规制与行政法的任务》，《中国法学》2015年第5期。

⑤ 参见《中共中央印发〈关于加强党内法规制度建设的意见〉》，共产党员网，2017年6月25日，https://news.12371.cn/2017/06/25/ARTI1498388905892459.shtml。

⑥ 陈光：《论党内立规体制：主体与权限》，《贵州省党校学报》2018年第5期。

⑦ ［英］哈特：《法律的概念》，张文显译，中国大百科全书出版社1996年版，第68页。

另一方面，就该命题的“建构—检视”之进阶研究进路而言，可考虑将其置于党的领导规范场域中，围绕党的政治领导规范、组织领导规范与思想领导规范，来显明党内法规制定权限相关“反映特有属性的事物”① 的具体事项配置；并在自我规制、元规制策略引领下完成三类领导规范的规范属性识别，进而阐明其制定权限事项的表达要旨，以探究检视性提升该类规范性文件“设定质量与实践效能”② 的可行方向。

基于此，尝试运用“描述—经验、逻辑—分析和规范—实践”③ 的法释义学方法，结合组织行为理论、自我规制理论、元规制理论，设置了规范内涵论、科层化事项配置论、组织行为论、自我规制论和元规制论这五个研究单元，最终从概念到规范乃至行为、规制层面，对党内法规制定权限命题展开逐次阐明与多维类型化的“解构与建构”④ 式二阶全过程研究。

## 一、主要内容

“第一章　党内法规制定权限的规范内涵论”，是本书解构党内法规制定权限特有属性的逻辑起点。探究党内法规制定权限的规范内涵，

① 金岳霖主编：《形式逻辑》，人民出版社 2006 年版，第 22 页。

② 参见徐信贵：《党内法规的规范属性与制定问题研究》，《探索》2017 年第 2 期。

③ ［德］罗伯特·阿列克西：《法律论证理论——作为法律证立理论的理性论辩理论》，舒国滢译，中国法制出版社 2002 年版，第 311 页。

④ 参见张一兵：《马克思劳动异化理论的逻辑建构与解构》，《南京社会科学》1994 年第 1 期；万俊人：《“现代性”道德价值理念的建构与解构（论纲）》，《学术月刊》2000 年第 9 期；张文喜：《自我的建构与解构》，上海人民出版社 2002 年版；江国华：《中国纵向政权组织法治体系的解构与建构》，《武汉大学学报（哲学社会科学版）》2016 年第 3 期。

旨在立足于党内法规的狭义规范定义，来尝试厘清各类规范意义的党内法规制定主体制定相应规范性文件所涉权力的事项范围与行为程度。配置党内法规制定权限事项范围的层级依据与活动结果表达皆显现于党内法规的效力位阶体系，列明党内法规制定权限行为程度的类型化依据与行为主体表达则显现于党内法规的制定主体序列，应分别以之为对象来阐明党内法规制定权限规范内涵的准据与载体。层级型配置与交错型配置分别是党内法规效力位阶体系在内部和外部这两类面向的基本样态，类型化静态建构与授权化动态调整则分别是党内法规制定主体序列在中央和地方这两个层面的模式表达。

“第二章　党内法规制定权限的科层化事项配置论”，是本书解构党内法规制定权限特有属性的线索基石。基于效力位阶差异性来探究党内法规制定权限的科层化事项配置，旨在厘清制定不同层级党内法规的权限事项表达要旨，进而明晰相应的事项冲突弥合规范。凸显整体框架性之中央党内法规的制定权限事项更多地强调了全局性、原则性与基础性，应依循效力范围合法性原则，就其专属权限事项范围予以方向型、制度型和问题型之界分。侧重领域结构性的部门党内法规与侧重层级区域性的地方党内法规分属不同位阶，但其制定权限事项在配套规定、职责履行和特殊授权方面存在一定的趋同性，应围绕该类趋同事项就各自的专属权限事项范围予以类型化界分。不同位阶党内法规亦有可能就非专属的同一类事项作出不同规定，而生成相应的显性或隐性事项冲突。可依循上位规定优位、新规定与特别规定优位、共同上级干预这三项原则来具体设定相应的事项冲突弥合规范。

“第三章　党内法规制定权限的组织行为论”，是本书结合组织行为理论，在功能适当化党内法规制度体系架构下的释义表达。党内法规的四大板块划分虽然初步厘清了党内法规制度体系的基本架构，但各个板块应凸显的功能适当化要义却较为模糊。有必要根据相关规范设定在组织型社会系统中的不同功能定位，尝试将党内法规规范界分为体系架构规范、干部人事规范和纪律检查规范这三类。体系架构规范是从执政党这一组织体的系统功能建构角度，置于整合性规范体系中，从引领性组织章程、静态组织结构与动态运行机制这三个方面来设定执政党的组织系统行为事项。干部人事规范是从执政党这一组织体的成员资格自生性维护角度，置于具象化规范体系中，从党员规范与党的干部规范这两个方面来设定执政党的组织成员行为事项。纪律检查规范则是从执政党这一组织体及其成员的任务、行为监控角度，置于惩戒性规范体系中，从党的纪律规范和党的纪检机关规范这两个方面来设定执政党的组织风险控制行为事项。基于此，尝试完成各类规范的规范属性识别与制定权限事项阐明，以从政党组织行为维度来界分党内法规的制定权限范围。

“第四章　功能目标与体系架构：党内法规制定权限的自我规制论”，是本书结合自我规制理论，在党的政治领导规范与组织领导规范场域中的建构与检视表达。设置党内法规制定权限作为一种执政党通过自主行为来完成自我约束的自我规制活动，凸显了规制者与规制对象的同一性。在党的政治领导规范与组织领导规范场域中探究党内法规制定权限命题，旨在基于科学构建党内法规自律性规范体系的规制目标引领，运用组织结构面向的自我规制策略，来完成党的政治领导规范与组织领导规范的规范属性识别，以阐明这两类规范制定权限事项的表达要旨。政治领导规范旨在设定巩固党的政治领导所涉功能目标层面的自我规制事项，可尝试从共同体价值认同规范和共同体价值创新规范这两个方面，来检视执政党领导下的国家治理政治共同体。组织领导规范旨在设定落实党的组织领导所涉体系架构层面的自我规制事项，可尝试从组织结构优化规范和组织身份认同规范这两个方面，来检视执政党领导下的国家治理组织结构。基于此，通过这四个方面的规范事项范围界分，进而从政党自我规制维度来科学设置相应党内法规规范的权力边界。

“第五章　思想整合：党内法规制定权限的元规制论”，是本书结合元规制理论，在党的思想领导规范场域中的建构与检视表达。在党的思想领导规范场域中探究党内法规制定权限命题，旨在围绕党的指导思想等方面的权限事项，来设定意识形态领域的思想整合行为规则。作为一种前置环节意义过程规范建构实践的思想整合，往往依托执政党的思想建设革新性规范表达，来实现对执政党自我规制的准据指引。可针对思想整合这一党内法规制定权限的元规制命题，来确立相应的规制作为自我规制者之执政党的元规制目标，并明晰外转化执政理念所依托之马克思主义大众化的特定准则和依据。基于此，在所涉思想整合的元规制目标引领下，有必要从执政党与其他社会成员实现思想整合所依托的宣示性、指南性认同与遵守这两个方面，具体完成党的思想领导规范的规范属性识别；进而阐明该类规范制定权限事项在对象层次、创新形式和载体平台维度的表达要旨，来科学设置相应党内法规规范的权力边界，以厘清执政党实现思想整合方向引领的规范要义。

## 二、基本思路和方法

首先，就“解构与建构”式二阶研究方法而言，针对党内法规制定权限命题，展开规范内涵、事项配置与组织行为维度的“解构—释义”之初阶研究，以及自我规制、元规制策略引领下的“建构—检视”

之进阶研究。

其次，就法释义学研究方法而言，识别存续于相关规范性文件中的党内法规规范，厘清规范意义的党内法规制定权力的特有属性，界分各类党内法规规范的制定权限范围；进而围绕党的领导规范来识别其规范属性，阐明所涉党内法规制定权限的具体事项配置与表达要旨，探究提升党内法规制定质量与效能的可行方向。

最后，就跨学科研究方法而言，综合运用社会学、公共管理学、组织行为学等学科的组织行为理论、自我规制理论、元规制理论，针对党内法规制定权限命题，来分别展开在功能适当化党内法规制度体系架构下的释义研究，以及在党的政治领导规范、组织领导规范与思想领导规范场域中的建构与检视研究。

## 三、可能的学术创新

一方面，就研究内容而言，其一，党内法规制定权限命题的"解构—释义"研究。尝试界定涵摄对象、准据载体、配置样态、事项范围、事项冲突等基本范畴，梳理功能适当化党内法规制度体系架构下的权限事项释义表达，厘清相关的认知争点和理论盲区，从而体系化阐明党内法规制定权限在内部与外部、纵向与横向等方面的整全型样态。其二，党内法规制定权限命题的"建构—检视"研究。尝试置于党的领导规范场域中，识别相应的规范属性，阐明三类领导规范制定权限事项的表达要旨，从而分别围绕功能目标、体系架构层面的自我规制事项与思想整合层面的元规制目标，针对如何巩固党的政治领导、落实党的组织领导、强化党的思想领导来实现多视角、类型化检视。

另一方面，就研究方法而言。若尝试改变党内法规相关研究搬抄国家层面法律规范体系研究的偏狭进路，则有必要置于规范体系的理论与制度结构之话语范式下，将法释义学研究方法确立为党内法规核心范畴研究的基石方法，试图确立可行的党内法规释义学范式来识别、提炼其独有规范特性。进而依循本体释义与场域检视之内外融贯、逐次阐明与多维类型化的研究理路，针对党内法规制定权限命题展开“解构与建构”式二阶研究，以及组织行为理论、自我规制理论、元规制理论引领下的跨学科研究。

## 四、可能的学术价值

首先，有利于丰富党内法规研究的可行进路。尝试依循作为党内法规研究基石方法的法释义学研究方法，来确立可行的党内法规释义学范式。基于此，设定本体释义与场域检视之“解构与建构”式二阶研究路向，综合运用社会学、公共管理学、组织行为学等跨学科研究方法，来探究独具特色的复合型党内法规研究进路。

其次，有利于从党内法规制定权限角度来夯实党内法规研究的基础理论。渐成学界热点的党内法规研究，已初步呈现出在宏观理论、中观制度与微观适用诸方面的体系化研究态势。但围绕作为核心范畴的制定权限命题，来展开专门的描述性、解释性或探索性研究则鲜有涉及。有必要从概念到规范乃至行为、规制层面，对该命题展开逐次阐明与多维类型化的解构与建构，以确立、丰富相应的党内法规制定理论。

最后，有利于从党内法规制定权限角度来梳理党的领导规范以及理论架构。置于“五位一体”的中国特色社会主义法治体系框架下，如何巩固党的政治领导、落实党的组织领导、强化党的思想领导，已然成为一类凸显实践导向、兼具理论共识与争鸣的规范命题。有必要依循自我规制策略与元规制策略的引领，来厘清三类党的领导规范的规范属性与制定权限范围，进而分别从功能目标、体系架构与思想整合层面来探究其规范设定事项，以系统阐明党的领导规范以及理论架构的表达要旨。

# 第一章　党内法规制定权限的规范内涵论

本章研究是解构党内法规制定权限特有属性的逻辑起点，旨在识别存续于相关规范性文件中的党内法规内部、外部效力位阶表达与中央、地方层面制定主体设定，进而依托党内法规的效力位阶来阐明逐级配置所涉制定权限事项范围的规范准据，并根据党内法规的制定主体来厘清分类列明所涉制定权限行为程度的规范载体。基于此，为探究党内法规制定权限配置与冲突的事项结构要义，乃至党内法规制度体系可能的发展完善进路提供必要的前提要件。

## 第一节　效力位阶内外互联化：党内法规制定权限的规范准据

党内法规的效力位阶作为一个“党内法规建设、发展与适用过程中的重要理论问题”①，其效力等级关系的体系化设定往往显现为党

① 侯嘉斌：《党内法规的效力位阶与冲突规避》，《社会主义研究》2019年第5期。

内法规内部各位阶规范性文件之间和党内法规与外部规范性法律文件之间这两类面向。配置党内法规制定权限事项范围的层级依据与活动结果表达皆显现于党内法规的效力位阶体系，则应以之为对象来阐明党内法规制定权限规范内涵的准据。现行有效的各类党内法规共 1424 件①，基于其不同的“制定主体、制定时间和适用范围”②，所涉内部效力等级关系往往是较为清晰的层级配置关系，即以《中国共产党章程》（2022 年修改）③（以下简称“党章”）为根本、以中央党内法规为主干、以部门党内法规和地方党内法规为延伸。但党内法规的外部效力等级关系则基于 2018 年第 36 条宪法修正案之“中国共产党领导是中国特色社会主义最本质的特征”入宪大背景，以及“一套工作机构、两个机关名称”④ 之党政合署办公与“狭义层面党的机关与行政机关”⑤ 之党政联合发布规范性文件的客观事实，使得本应相对明晰的规范性法律文件优位于党内法规之关系设定，而呈现出较为复杂的交错配置关系。有必要首先根据《制定条例》第 31 条、第 32 条、第 33 条的原则性规定来阐明所涉内部效力位阶表达，进而依循所列明的党内法规内部效力等级来尝试梳理所涉外部效力位阶表达。

---

① 《党内法规检索》，北大法宝网，2022 年 5 月 8 日，https://cpc.pkulaw.com/party/partysystem? ClassCodeKey = 002。

② 葛洪义主编：《法理学教程》，中国政法大学出版社 2004 年版，第 133 页。

③ 参见《中国共产党章程》，共产党员网，2022 年 10 月 22 日，https://www.12371.cn/special/zggcdzc/zggcdzcqw/。

④ 《中共中央印发〈深化党和国家机构改革方案〉》，《人民日报》2018 年 3 月 22 日。

⑤ 徐信贵：《党政联合发文的备案审查问题》，《理论与改革》2020 年第 3 期。

## 一、层级型配置：党内法规的内部效力位阶表达

党内法规的内部效力位阶表达往往显现为一种层级型配置样态。即根据所涉制定主体的不同地位，以及设置的相应规范名称，形成了一种金字塔式效力位阶等级结构。

### （一）主体型效力层级设置

各类党内法规的效力等级往往根据其制定主体的不同地位来确立。《制定条例》第3条、第9条、第10条、第11条和2017年《关于加强党内法规制度建设的意见》的相关规定，即在事实上将党内法规划分为党章、中央党内法规、部门党内法规和地方党内法规这四个层级。

其一，党章。由党的全国代表大会制定，具有最高效力。作为根本性党内法规，其效力位于党内法规体系的第一层级，被《制定条例》第3条明确设定为“制定其他党内法规的基础和依据”。

其二，中央党内法规。由党的中央组织制定，具体包括党的全国代表大会、党的中央委员会、中央政治局、中央政治局常务委员会、中央书记处、中央军事委员会这些机构。作为整体框架性党内法规，所涉权限事项为《制定条例》第9条所列明。其效力位于党内法规体系的第二层级，以中央文件形式发布，具有全局性普遍效力。

其三，部门党内法规。由党中央各部门制定，具体包括中央纪律检查委员会和办公厅、组织部、宣传部、统战部、对外联络部、政法委员会等党中央工作机关。作为结构事务性党内法规，所涉权限事项为《制定条例》第10条所列明。其效力位于党内法规体系的第三层级，

以中央纪律检查委员会文件和党中央工作机关文件形式发布，具有领域性普遍效力。

其四，地方党内法规。由部分地方党委制定，具体包括省、自治区、直辖市党委和副省级城市、省会城市党委。作为区域执行性党内法规，所涉权限事项为《制定条例》第 11 条所列明。其效力位于党内法规体系的第四层级，以地方党委文件或地方党委办公厅文件形式发布，具有区域性特殊效力。

### （二）名称型效力层级设置

各类党内法规的效力等级亦可显现为《制定条例》第 5 条所列明之“在效力层级上具有实质意义”[①] 的“党章、准则、条例、规定、办法、规则、细则”这七类规范名称，进而将其界分为根本规定、基本规定、全面规定和具体规定这四类，而成就名称型“四重效力位阶体系”[②]。

其一，作出根本规定的党章。即对应前述党内法规体系的第一效力层级。党章作为全党必须共同遵守的最高行为规范，具有最高效力。应依循其基本要求，来逐步实现各类党内法规所涉“总体部署的规范化与制度设计的具体化”[③]。党章的根本性地位亦决定了其修改程序的特殊性，即党章修改权为党的全国代表大会专属，且不得授权委托。

其二，作出基本规定的准则。即对应前述第二效力层级的中央党内

① 严海兵、刘乐明主编：《上海青年政治学年度报告 2017》，中央编译出版社 2017 年版，第 260 页。

② 侯嘉斌：《党内法规的效力位阶与冲突规避》，《社会主义研究》2019 年第 5 期。

③ 李国梁：《论党内法规制定体制的发展与完善》，《探索》2019 年第 1 期。

法规。准则主要指向“全党政治生活、组织生活和全体党员行为”这三类整体性事项。现行有效的准则共 3 件[①]，即 1980 年《关于党内政治生活的若干准则》、2015 年《中国共产党廉洁自律准则》、2016 年《关于新形势下党内政治生活的若干准则》。

其三，作出全面规定的条例。亦对应前述第二效力层级的中央党内法规。条例主要指向“党的某一领域重要关系或者某一方面重要工作”这两类框架性事项。现行有效的条例共 52 件[②]，近年来全新制定了部分条例[③]，并对部分条例进行了全面修订[④]或部分修改[⑤]。

其四，作出具体规定的规定、办法、规则、细则。即对应前述第三效力层级的部门党内法规和第四效力层级的地方党内法规，其主要指向“党的某一方面重要工作的要求和程序”之结构性、区域性事项。现行有效的规定共 622 件、办法共 602 件、规则共 13 件、细则共 136 件[⑥]。“规定所涉对象与措施应较为集中、具体，办法应具有较强程序性、针

① 参见《党内法规检索》，北大法宝网，https://cpc.pkulaw.com/party/partysystem? ClassCodeKey=002，2022 年 5 月 8 日访问。

② 参见《党内法规检索》，北大法宝网，https://cpc.pkulaw.com/party/partysystem? ClassCodeKey=002，2022 年 5 月 8 日访问。

③ 例如，2018 年《中国共产党支部工作条例（试行）》、2018 年《干部人事档案工作条例》、2018 年《社会主义学院工作条例》、2019 年《中国共产党政法工作条例》、2019 年《中国共产党重大事项请示报告条例》、2019 年《党政领导干部考核工作条例》、2019 年《中国共产党党员教育管理工作条例》、2019 年《中国共产党机构编制工作条例》、2019 年《中国共产党宣传工作条例》、2019 年《中国共产党农村工作条例》、2019 年《中国共产党党校（行政学院）工作条例》、2019 年《中国共产党国有企业基层组织工作条例（试行）》等。

④ 例如，2016 年《中国共产党党内监督条例》、2018 年《中国共产党纪律处分条例》、2018 年《中国共产党农村基层组织工作条例》、2019 年《党政领导干部选拔任用工作条例》、2019 年《中国共产党党组工作条例》、2019 年《中国共产党党内法规制定条例》、2019 年《中国共产党问责条例》、2019 年《中国共产党党和国家机关基层组织工作条例》等。

⑤ 例如，2017 年《中国共产党巡视工作条例》等。

⑥ 参见《党内法规检索》，北大法宝网，https://cpc.pkulaw.com/party/partysystem? ClassCodeKey=002，2022 年 5 月 8 日访问。

对性和可操作性，规则旨在列明相应的议事程序和工作方法，细则更多地作为配套规范来推动细化实施。”①

### （三）效力冲突的优位选择原则

基于上述两类效力层级设置，不同位阶党内法规就同一事项作出不同规定所诱发的效力冲突问题，亦需明确相应的优位选择原则。《制定条例》第 31 条、第 32 条、第 33 条具体设置了上位规定优位、新规定优位、特别规定优位和共同上级干预这四项原则。

其一，就上位规定优位原则而言。《制定条例》第 31 条的三项规定，具体固化了党章、中央党内法规、部门党内法规和地方党内法规之四级位阶体系，并明晰了上位规定优位原则。《制定条例》第 32 条第 1 款的四项规定，则进一步明确了该原则的具体适用情形与“责令改正或撤销”之适用措施。

其二，就新规定优位、特别规定优位原则而言。《制定条例》第 33 条之规定，针对同一机关制定党内法规的同位阶效力冲突，明晰了新规定优位、特别规定优位原则。新旧规定依循同一机关的不同颁布时间来具体判断，特别规定则依循同一机关在适用时间、地点、主客体等方面的特别限制来具体判断。

其三，就共同上级干预原则而言。《制定条例》第 32 条第 2 款的规定，针对不同机关制定党内法规的同位阶效力冲突，虽然仅涉及“不同部委制定的”之部门党内法规层面，而确立了“党中央”之共同上级干预原则，但因地方党内法规制定主体的事实性扩张，可能诱发同一

① 宋功德：《党规之治》，法律出版社 2015 年版，第 275 页。

行政区划内、具有上下级隶属关系主体所制定地方党内法规间的冲突，亦可能诱发不同行政区划之间、党内层级地位不同，但处于属地管辖原则下的平行关系主体所制定地方党内法规间的冲突。前一类型地方党内法规冲突，可当然地比照适用上位规定优位原则；后一类型地方党内法规冲突，则只能比照适用共同上级干预原则，由所涉平行关系主体的共同上级党组织来具体处理。

## 二、交错型配置：党内法规的外部效力位阶表达

党内法规的外部效力位阶表达往往显现为一种交错型配置样态。即根据各类党内法规与各位阶规范性法律文件制定主体的不同地位，以及部分党内法规与相应规范性法律文件所形成的事实上价值引领或本体同构关系，形成了一种内外梯次交集式效力位阶耦合结构。

### （一）价值引领型效力交错设置

部分党内法规与相应规范性法律文件所形成的价值引领型效力交错设置，集中体现在党章与《中华人民共和国宪法》（1982 年制定，1988 年、1993 年、1999 年、2004 年、2018 年修改）（以下简称《宪法》）之间。党章作为党内法规中的根本性规范，统领着该类“其他规范性文件”[①] 而成就一类规范体系；宪法作为根本大法，亦统领着各类规范性法律文件而成就一类规范体系。两类“规范体系”[②] 作为在不同

① 朱景文：《中国特色社会主义法律体系：结构、特色和趋势》，《中国社会科学》2011 年第 3 期。

② 刘作翔：《当代中国的规范体系：理论与制度结构》，《中国社会科学》2019 年第 7 期。

场域内发挥相应作用的规范设定，既表征为规范性法律文件的整体效力位阶原则性高于其他规范性文件的上下关系，也呈现出部分其他规范性文件作为相应规范性法律文件的精神内核引领其规范效力实现的内外关系。

党章与宪法即为该类效力交错关系的典型表达。宪法序言第 13 自然段之“国家的根本法，具有最高的法律效力”规定，是宪法作为最高效力位阶的自我宣示式实定法表达。基于此，宪法效力位阶高于党章是毋庸置疑的。但宪法序言第 5 自然段、第 7 自然段和第 10 自然段中对“中国共产党领导”的五次反复确认，则分别从革命正当性、执政合法性与人民结构性这三个方面，在事实上确立了中国共产党对宪法的引领地位。2018 年宪法修正案第 36 条将“中国共产党领导是中国特色社会主义最本质的特征”增加进《宪法》第 1 条第 2 款，更是进一步固化了作为中国共产党最高纲领并具化其执政理念的党章，作为最核心的“宪法指导思想”① 对宪法的价值引领作用。

## （二）本体同构型效力交错设置

部分党内法规与相应规范性法律文件所形成的本体同构型效力交错设置，集中体现在党政合署办公所发布的规范性文件之间，以及党政联合发布的规范性文件之间。依循前述党内法规的主体型效力层级设置状况，以及《中华人民共和国立法法》（2000 年制定，2015 年修改）所同样确立之规范性法律文件的主体型效力层级设置状况，不论是党政合署办公发布还是党政联合发布，亦不论两类机关分别在各自的党内组织

① 《宪法学》编写组编：《宪法学》，高等教育出版社、人民出版社 2011 年版，第 82 页。

体系和国家机构体系中的地位等级如何，其皆处于制定、发布主体相一致前提下的效力交集状态。该类事实上的效力重合则更多地通过不同的适用方式而有所区分。若为等同适用，则成就本体实质同构型设置；若为区别适用，则成就本体形式同构型设置。

一方面，就本体实质同构型设置而言。“一套工作机构、两个机关名称”的党政合署办公，已然实现了“优化党政关系，提高办公效率与服务质量”[①] 考量下，不同属性权力机关的实质性融合。以其名义所发布的党内法规[②]或规范性法律文件[③]，虽然在发布技术方法上有所不同，例如在“名称下方的括号”[④] 中是否使用“国监发〔2018〕1号”类似的表述，但其适用范围皆是一致指向“各级纪检监察机关和纪检监察干部”的工作事项范围，并不存在针对党内组织体系和国家机构体系的区分适用。该类规范性文件之间的效力交错设置则可谓典型的本体实质同构型设置。

另一方面，就本体形式同构型设置而言。基于不同属性党政权力机关区别设置前提下的党政联合发布，更多地因为所涉事项的统筹性较强，往往由“中央领导小组”来牵头组织，通过联合印发的方式来确保相应的“党政同责”[⑤] 实效。其虽实现了适用依据的一致性整合，但

---

① 刘权：《党政机关合署办公的反思与完善》，《行政法学研究》2018年第5期。

② 例如，2018年《公职人员政务处分暂行规定》、2019年《监察机关监督执法工作规定》。

③ 例如，2018年《国家监察委员会管辖规定（试行）》、2018年《国家监察委员会特约监察员工作办法》。

④ 朱力宇、叶传星主编：《立法学》（第四版），中国人民大学出版社2015年版，第260页。

⑤ 例如，2020年《中共中央办公厅、国务院办公厅印发〈省（自治区、直辖市）污染防治攻坚战成效考核措施〉》。

基于“四种联合发文组织形式”①，仍需依循党内组织体系和国家机构体系的不同规范进路来予以区别适用。该类规范性文件之间的效力交错设置则可谓典型的本体形式同构型设置。

### （三）效力冲突的优位选择原则

基于上述两类效力交错设置，各类党内法规与各位阶规范性法律文件就同一事项“作出不同规定而发生不协调情况”② 即会诱发效力冲突问题。该类问题作为“法治中国建设的核心命题”③ 之一，亦需明确相应的优位选择原则。

一方面，就规范性法律文件整体性优位原则而言。立法机关制定的各位阶规范性法律文件整体性优位于各类党内法规。例如，《宪法》第5条第4款的“宪法和法律优位”规定，党章总纲的“党必须在宪法和法律的范围内活动”规定，《制定条例》第7条第5项的“党必须在宪法和法律的范围内活动”原则规定。该类规定即明晰了规范性法律文件整体性优位原则的两项核心要义：党应置于宪法和法律范围内活动；党内法规不得违反宪法和法律。

另一方面，就党内审查保留原则而言。例如，《制定条例》第32条明确规定部门党内法规和地方党内法规不得与“宪法、法律和行政法规相抵触”，若存在冲突则由党中央来进行审查并“责令改正或者撤销”。这在进一步确证规范性法律文件整体性优位原则的同时，亦明晰

---

① 张力：《党政联合发文的信息公开困境与规则重塑：基于司法裁判的分析》，《中国法学》2020年第1期。

② 孟凡磊：《党内法规的效力研究》，《胜利油田党校学报》2017年第3期。

③ 张海涛：《“国家法律高于党内法规”的理论反思与关系重构——一个社会宪治的分析进路》，《湖北社会科学》2020年第3期。

了党内审查保留原则下的相应审查主体与处置方式。但是作为根本性党内法规的党章即将它置于价值引领型效力交错设置中，隐性表达了其特殊优位立场；作为整体框架性党内法规的中央党内法规则更多地将它置于本体同构型效力交错设置中，隐性表达了其同位平行立场。若可能诱发相应的效力冲突，仍置于党内审查体制内由党中央来完成自我审查。

## 第二节　制定主体动静适配化：党内法规制定权限的规范载体

党内法规的制定主体即指向“有权制定、认可、修改、补充、废止”[①] 党内法规的组织、机关和党委，所涉规范设定往往从中央层面制定主体和地方层面制定主体这两方面来具体展开。列明党内法规制定权限行为程度的类型化依据与行为主体表达皆显现于党内法规的制定主体序列，则应以之为对象来阐明党内法规制定权限规范内涵的载体。党章和《制定条例》第3条围绕制定主体序列设定了较为清晰的规范进路，并在“形成完善的党内法规体系”[②] 之方向引领下，于中央和地方之间分别呈现出不同的规范样态。中央层面制定主体依循严密的上下级领导关系和相对固化的职权配置，而呈现出一种趋于静态化表达与阐明的层级分权模式；地方层面制定主体则基于“命令控制型规制”[③] 进路，使

① 张文显：《法理学（第四版）》，高等教育出版社2011年版，第192页。

② 《中共中央关于全面推进依法治国若干重大问题的决定》，《人民日报》2014年10月29日。

③ ［英］罗伯特·鲍德温、［英］马丁·凯夫、［英］马丁·洛奇编：《牛津规制手册》，宋华琳、李鸻、安永康、卢超译，上海三联书店2017年版，第163页。

得所涉地方党委更多地立足于上级党组织的相应原则性授权，在区域执行过程中来实现有限的权限范围动态调整。

## 一、类型化静态建构：党内法规的中央层面制定主体设定

类型化静态建构模式下三个层级中央层面党内法规的制定主体，大致可分为党的中央组织、党中央纪律检查委员会和党中央工作机关这三个序列。其分别从统揽全局的渊源性设定、实现有效自我监督的目标性设定和达致科学职能分工的事务性设定这三个方面，来确立类型化的层级分权体系。

### （一）党的中央组织的渊源性设定

党的中央组织作为“具有特定指称范围”① 的规范语义名词，在党章第 3 章“党的中央组织”的六条规定中有着明确界定，并在《制定条例》第 9 条就其制定党章以外的中央党内法规事项予以了列明。党章第 3 章“党的中央组织”列明了党的中央组织的具体范围，即包括全国代表大会、全国代表会议、中央委员会、中央政治局、中央政治局常务委员会、中央委员会总书记、中央书记处、中央军事委员会这八种类型。党章规定的这八类党的中央组织与《制定条例》规定的作为中央党内法规制定主体的党的中央组织在“制度和实践上并不完全一致”②。

在规范性文件的制定实践中，亦会出现审议、表决主体与起草、公

① 陈光：《论党内立规体制：主体与权限》，《贵州省党校学报》2018 年第 5 期。

② 周望：《党内法规制定主体研究：制度、实践与法理——兼论〈中国共产党党内法规制定条例〉的完善》，《吉林大学社会科学学报》2019 年第 3 期。

布主体不一致的现象，应基于发挥实质性规范创设决断功能的“审议表决主体”① 之判定，来厘清所涉规范性文件的制定主体。《制定条例》第28条设定了“中央委员会全体会议、中央政治局会议、中央政治局常委会会议”之三级审议批准方式；党章第20条将“修改党的章程”职权赋予给了党的全国代表大会；《制定条例》第41条将“军队党内法规制定”职权赋予给了中央军事委员会。基于此，应将作为中央党内法规制定主体的党的中央组织明晰为党的全国代表大会、中央委员会、中央政治局、中央政治局常委会、中央军事委员会这五类主体。这五类主体以外的党的全国代表会议、中央委员会总书记、中央书记处虽然不属于实质意义的中央党内法规制定主体，但其在该类党内法规制定过程中的功能角色定位亦应予以厘清。

其一，就党的全国代表会议而言。例如，党章第12条的“在必要时召集代表会议”规定，即明确了该类主体的非常设属性与非领导机关属性，仅仅只是一种及时讨论解决重要问题的功能性会议方式。但制定党内法规则是一类凸显标准化、程式化的体系性规范创设活动，该类主体是不足以全面承载相应预测、决策、规划、起草乃至审议、批准、颁布等诸环节运行事项的。可考虑在相应党内法规草案集中征求意见、重大争议性条款审慎决断乃至规范性文件应急式颁布等方面，发挥该类主体的环节性参与作用。

其二，就中央委员会总书记而言。例如，党章第23条第4款的负责召集会议并主持工作规定，即明确了该类主体的独任制与非机关化属性。所涉职权范围与党内法规制定不存在直接交集，但其对相应党内法

① 张小帅：《党内法规制定主体的范围及其规范依据》，《中国浦东干部学院学报》2018年第5期。

规制定活动的程序性参与作用亦应予以确立。既应作为党组织的最高领导人，基于民主集中制原则，在相应党内法规的制定过程中，充分发挥其原则性、方向性决断指引作用；也应作为相关主体开展活动的召集人、主持人，在该类主体进行或参与相应党内法规制定活动时，充分发挥其在仪式、环节方面的过程推动作用。

其三，就中央书记处而言。例如，党章第 23 条第 3 款的“中央政治局和它的常务委员会的办事机构”规定，《制定条例》第 8 条的党内法规制定日常工作由中央书记处负责的规定，即明确了该类主体的内部组织机构与日常化工作机构属性。其本身虽然不是党内法规制定主体，但相应党内法规的“研究谋划、统筹推动和协调把关”[①] 之日常事务性工作皆由该主体来完成。在相应党内法规草案意见汇总、审议报告草拟乃至审议会议准备等方面，应充分发挥该类主体的辅助性参与作用。

## （二）党中央纪律检查委员会的目标性设定

党中央纪律检查委员会作为“承担党内执纪监督功能的特殊中央部门机构”[②] 有着清晰的目标导向。《制定条例》第 10 条的“就其职权范围内有关事项制定党内法规”规定，即进一步明确了该类主体所制定党内法规的功能职权属性。

一方面，就履职性目标而言。主要围绕党章第 46 条第 2 款规定之“监督、执纪、问责”职责范围事项的党内法规制定来设定。中央纪律检查委员会所制定党内法规的同体监督、自我规制目标较为凸显，具体

---

① 苏绍龙：《论党内法规的制定主体》，《四川师范大学学报（社会科学版）》2018 年第 5 期。

② 陈光：《论党内立规体制：主体与权限》，《贵州省党校学报》2018 年第 5 期。

指向相关检举控告程序[①]、案件处理程序[②]、特殊身份党员处分程序[③]等程序性行权事项，以及派驻机构建制[④]等实体性行权事项。该类党内法规制定往往立足于规范化执纪考量，在一定程度上显现出应有的全面性、系统化规范要义。但其在名称使用等规范性文件制定技术方面亦存在一定的瑕疵。例如，根据 1990 年《中国共产党党内法规制定程序暂行条例》第 4 条第 2 款和《制定条例》第 5 条第 6 款的规定，中央纪律委员会制定的党内法规不能使用“条例”名称。但 1993 年《中国共产党纪律检查机关控告申诉工作条例》、1994 年《中国共产党纪律检查机关案件检查工作条例》却皆使用了“条例”名称。在党内法规体系化构建与有序清理的过程中，应就该类名称误用问题予以校正。

另一方面，就解释性目标而言。主要围绕《制定条例》第 34 条规定的“中央党内法规授权解释”“制定机关解释”与“解释具有同等效力”原则来设定。中央纪律检查委员会既可依据党中央授权来解释与其职责范围相关的中央党内法规，也有权自行解释其制定的党内法规。就依授权解释而言，该类主体往往基于其功能目标定位，来解释相关上位中央党内法规，并实现相应整体框架性规定具体化表达的基本旨向。

---

① 例如，1993 年《中国共产党纪律检查机关控告申诉工作条例》、1996 年《中央纪委监察部关于保护检举、控告人的规定》。

② 例如，1987 年《党的纪律检查机关案件审理工作条例》、1991 年《中共中央纪律检查委员会关于审理党员违纪案件工作程序的规定》、1994 年《中国共产党纪律检查机关案件检查工作条例》、1994 年《中国共产党纪律检查机关案件检查工作条例实施细则》。

③ 例如，1996 年《中共中央纪律检查委员会关于党政机关县（处）级以上党员领导干部违反廉洁自律规定购买、更换小汽车行为的党纪处理办法》、2014 年《党政主要领导干部和国有企业领导人员经济责任审计规定实施细则》等。

④ 例如，2004 年《中共中央纪委监察部派驻机构干部工作管理暂行办法》、2007 年《中央纪委监察部派驻机构工作汇报暂行办法》、2007 年《中央纪委监察部向派驻机构通报情况暂行办法》。

例如，2016 年《中国共产党党内监督条例》第 46 条、《中国共产党纪律处分条例》（2003 年制定，2015 年、2018 年修改）（以下简称《纪律处分条例》）第 141 条、《中国共产党问责条例》（2016 年制定，2019 年修改）（以下简称《问责条例》）第 26 条皆明确规定“本条例由中央纪律检查委员会负责解释”。这三件中央党内法规分别规定的监督形式、纪律处分形式、问责形式及各自适用规程，皆主要由相应纪律检查机关根据所涉中央党内法规的框架性规定，并结合中央纪律检查委员会的解释性规定来展开具体适用。就自行解释而言，该类主体制定的党内法规往往在相关条款中预设了必要的解释空间，以确保其针对性、灵活性适用。例如，2019 年《中国共产党纪律检查机关监督执纪工作规则》第 76 条将其解释主体设定为“中央纪律检查委员会”，2020 年《纪检监察机关处理检举控告工作规则》第 57 条将其解释主体设定为“中央纪委国家监委”，皆确证了自行解释所制定党内法规的基本原则。此外，在前者的第 77 条和后者的第 58 条又皆规定了“凡与本规则不一致的，按照本规则执行”，则进一步对此前发布相关规定的适用解释权予以统合，可由该类主体展开不限于所涉规范性文件的体系化文义解释。

### （三）党中央工作机关的事务性设定

党中央工作机关既是党实施领导的政治机关，也是落实党中央决策部署的执行机关。其往往依循各自的属性定位和职能分工来设置相应的工作事务。2017 年《中国共产党工作机关条例（试行）》第 2 条将党的工作机关分为“办公厅（室）、职能部门、办事机构和派出机关”这四类。基于此，依循《制定条例》第 10 条和 2017 年《中国共产党工作机关条例（试行）》第 12 条、第 13 条、第 14 条、第 15 条的规定，并结合“以自己的名义承担和履行相应职权”[①] 的制定主体羁束性要求，可将有权制定党内法规的党中央工作机关厘清为党中央办公厅、党中央职能部门和党中央办事机构。

其一，就党中央办公厅而言。即中国共产党中央委员会办公厅，是党中央的综合部门。2017 年《中国共产党工作机关条例（试行）》第 12 条将其工作事务大致界分为推动落实、协调工作、运行保障这三类。该类主体围绕所涉落实、协调、保障的结构性事务范围，有权制定凸显实施性质的相应部门党内法规。其所发布的规范性文件多为通知[②]、意见[③]、纲要[④]、规划[⑤]类的党内规范性文件，其中与国务院办公厅联合发布的，则成为一种特殊的行政规范性文件。该类主体亦有根据《制定条例》第 5 条第 6 款之规定，来制定规定[⑥]、规则[⑦]、办法[⑧]类的党内法规。

其二，就党中央职能部门而言。即是党中央某一方面工作的主管部门。2017 年《中国共产党工作机关条例（试行）》第 13 条将其工作事务大致界分为独立管理、组织实施、协调指导这三类。该类主体围绕所负责系统、领域的结构性事务范围，有权制定其相对独立管理职能范围内的相应部门

---

① 苏绍龙：《论党内法规的制定主体》，《四川师范大学学报（社会科学版）》2018 年第 5 期。

② 例如，2020 年中共中央办公厅印发《关于持续解决困扰基层的形式主义问题为决胜全面建成小康社会提供坚强作风保证的通知》。

③ 例如，2020 年中共中央办公厅、国务院办公厅印发《关于构建现代环境治理体系的指导意见》，2020 年中共中央办公厅、国务院办公厅印发《关于全面加强危险化学品安全生产工作的意见》，2020 年中共中央办公厅、国务院办公厅印发《关于深化新时代教育督导体制机制改革的意见》。

④ 例如，2019 年中共中央办公厅印发《2019—2023 年全国党政领导班子建设规划纲要》。

⑤ 例如，2019 年中共中央办公厅印发《2019—2023 年全国党员教育培训工作规划》。

⑥ 例如，2020 年中共中央办公厅印发《党委（党组）落实全面从严治党主体责任规定》。

⑦ 例如，2020 年中共中央办公厅印发《纪检监察机关处理检举控告工作规则》。

⑧ 例如，2019 年中共中央办公厅印发《干部选拔任用工作监督检查和责任追究办法》。

党内法规。各类党中央职能部门单独制定的多为党内规范性文件，或多与相关政府职能部门联合发布亦可归属于部门规章或部门规范性文件，但在单独制定相应党内法规抑或制定后公开发布方面则表现得有所不同。例如，中共中央组织部围绕其人事、党建管理职能有单独制定专门的规定①、办法②且可公开检索，但是中共中央宣传部围绕其意识形态管理职能、中共中央统战部围绕其统一战线工作管理职能、中共中央对外联络部围绕其对外工作管理职能、中央政法委员会围绕其政法工作管理职能要么尚未单独制定专门的部门党内法规，要么制定后没有公开发布。

其三，就党中央办事机构而言。即往往协助党中央来办理某一方面重要事务。2017 年《中国共产党工作机关条例（试行）》第 14 条将其工作事务大致界分为议事协调、特定管理这两类。该类主体围绕所协助办理的“综合协调”③ 式结构性事务范围，有权制定其特定管理职责范围内的相应部门党内法规。以根据《深化党和国家机构改革方案》④ 所组建的办事机构为例，该类主体在围绕其所涉议事协调事务范围来单独制定专门的部门党内法规抑或制定后公开发布方面则表现得参差不齐。仅中央全面依法治国委员会⑤、中央全面深化改革委员会⑥和中央网络

---

① 例如，1994 年《中共中央组织部关于共产党员交纳党费办法的规定》、《干部教育培训学员管理规定》（2013 年制定，2019 年修改）。

② 例如，2019 年中央组织部印发《党委（党组）书记抓基层党建工作述职评议考核办法（试行）》、2008 年《中共中央组织部关于抗震救灾“特殊党费”收缴、使用和管理的暂行办法》、2000 年《中共中央组织部关于建立干部监督工作督查员制度的办法（试行）》、1988 年《中共中央组织部关于党的省、自治区、直辖市代表大会实行差额选举的暂行办法》。

③ 张晓燕：《论党内法规制定主体制度的规范化》，《湖湘论坛》2018 年第 3 期。

④ 《中共中央印发〈深化党和国家机构改革方案〉》，《人民日报》2018 年 3 月 22 日。

⑤ 例如，2019 年中央全面依法治国委员会办公室印发《关于开展法治政府建设示范创建活动的意见》、2019 年中央全面依法治国委员会印发《关于加强综合治理从源头切实解决执行难问题的意见》、2020 年中央全面依法治国委员会印发《关于加强法治乡村建设的意见》。

⑥ 例如，2018 年中央全面深化改革委员会《关于建设新时代文明实践中心试点工作的指导意见》。

安全和信息化委员会[①]有单独制定“意见”“通知”类的党内规范性文件且可公开检索，中央审计委员会、中央财经委员会、中央外事工作委员会、中央教育工作领导小组、中央和国家机关工作委员会要么尚未启动相关党内法规或党内规范性文件的制定工作，要么制定后没有公开发布。

## 二、授权化动态调整：党内法规的地方层面制定主体设定

授权化动态调整模式下同一层级的两类地方党内法规制定主体，大致可分为省、自治区、直辖市党委和副省级城市、省会城市党委这两个序列。有必要分别根据《制定条例》第11条和2017年《关于加强党内法规制度建设的意见》的相关规定，基于“中央授权地方开展实践探索”[②]和“贯彻落实党中央重大决策部署”[③]的理念考量，尝试探索各级地方党委在地方党内法规制定权限方面的补正平衡。

### （一）有权地方党委的范围设定

有权制定地方党内法规的主体已被清晰列明，即省级党委和副省级城市、省会城市党委。例如，《制定条例》第11条和2017年《关于加强党内法规制度建设的意见》的相关规定。

一方面，就省级党委而言。《制定条例》第11条明确规定省级党

① 例如，2020年中央网络安全和信息化委员会办公室《关于做好个人信息保护利用大数据支撑联防联控工作的通知》。

② 周叶中：《关于中国共产党党内法规体系化的思考》，《武汉大学学报（哲学社会科学版）》2017年第5期。

③ 宋功德：《全方位推进党内法规制度体系建设》，《人民日报》2018年9月27日。

委有权针对贯彻执行配套规定、履行领导地方职责这两类职权范围内事项来制定党内法规。所涉党委的语义范围应既包括“党的委员会”①，还包括党的常务委员会。2015 年《中国共产党地方委员会工作条例》第 9 条第 2 款第 3 项列明了党的地方委员会应通过全会的方式来履行“审议通过重要党内法规或者规范性文件”的职责，即将有权地方党委的语义范围首先显明地固化为党的地方委员会。该条例第 10 条就党的地方委员会常委会的主要职责予以列举式规定，其中虽然未涉及地方党内法规制定事项，但明确规定了“常委会在全会闭会期间行使党的地方委员会职权”。此外，《制定条例》第 28 条第 3 款亦明确规定省级党委制定的党内法规草案由“党委全体会议或者常委会会议审议批准”。上述规定则隐含地将党的地方委员会常委会亦纳入了有权地方党委的语义范围。只不过地方委员会全会与常委会在审议相应党内法规或规范性文件具体事项上应有所区分，“重要”的应由地方委员会全会来制定，“一般性”的则可由“全体会议之外的党委常委会”②在全会闭会期间代为制定。至于“重要”与否的区分标准，则应基于党章明确规定的“维护党中央权威和集中统一领导”之根本立场，将贯彻落实中央决策部署的“贯彻执行配套规定”类事项设定为重要事项，将创造性开展工作的“履行领导地方职责”类事项设定为一般性事项。

另一方面，就副省级城市、省会城市党委而言。根据 2017 年《关于加强党内法规制度建设的意见》，副省级城市、省会城市党委可针对

---

① 张晓燕：《论党内法规制定主体制度的规范化》，《湖湘论坛》2018 年第 3 期。

② 周望：《党内法规制定主体研究：制度、实践与法理——兼论〈中国共产党党内法规制定条例〉的完善》，《吉林大学社会科学学报》2019 年第 3 期。

“基层党建、作风建设”等职权范围内事项，“根据中共中央授权”① 来探索制定党内法规。应基于《制定条例》第 8 条第 1 款的“党中央集中统一领导”规定，统筹地方党内法规制定授权事项。在“健全党内法规监督机制”② 前提下，通过“框架要求”③ 式授权模式，就授权制定该类地方党内法规事项予以明确。可根据既有中央层面相关党内法规的事项范围，将所涉“基层党建”事项范围明晰为党建工作评议、党建智库研究、党建经费管理、学校企业党建设置以及党建责任机制等方面，将所涉“作风建设”事项范围明晰为作风检查、形式主义治理、联系群众落实、“八项规定”执行等方面。

### （二）有权地方党委的调整设定

在“加强党内法规制度建设，全面从严治党、依规治党”④ 的方向性引领下，可考虑就有权制定地方党内法规的主体予以适当调整。有必要围绕实现其应有的开放性与羁束性之间的平衡而具体展开。

一方面，就有权地方党委的开放性调整而言。《制定条例》第 3 条、第 5 条、第 11 条、第 12 条、第 16 条、第 17 条、第 18 条、第 20 条、第 28 条、第 29 条、第 31 条、第 32 条、第 34 条、第 35 条共 17 处

---

① 王圭宇：《新时代党内法规同国家法律衔接和协调的实现路径》，《学习论坛》2019 年第 5 期。

② 邹焕梅：《习近平总书记关于制度治党重要论述探析》，《山东社会科学》2019 年第 3 期。

③ 黄贤宏：《关于我国授权立法制度的法律思考》，《当代法学》1999 年第 3 期。

④ 《中共中央印发〈关于加强党内法规制度建设的意见〉》，共产党员网，2017 年 6 月 25 日，https://news.12371.cn/2017/06/25/ARTI1498388905892459.shtml。

“省、自治区、直辖市党委”规定，仅限制性列明了省级党委的地方党内法规制定权，并未给“适度扩大制定主体预留空间”①，其他地方党委基于该规定获得该类权力的开放性调整空间趋于封闭、僵化。这使得副省级城市、省会城市党委只能是根据作为党内规范性文件之2017年《关于加强党内法规制度建设的意见》的相关规定，基于有限的试点授权②来获得该类权力，并客观造就了所涉党内法规与党内规范性文件规定不一致的现象。沈阳、福州、青岛、武汉、深圳、南宁、兰州这七个试点城市党委，在试点期内也分别制定了相应的地方党内法规。③ 虽然该规范抵触现象可通过将该类党内规范性文件相关规定作为一种扩张性解释的方法来予以一定程度弥合，但仍略显牵强。毕竟《制定条例》的相关规定仅是一种闭合式的限制性语义表达。事实上，副省级城市和省会城市党委制定党内法规试点的结束，既不等于“探索赋予”④ 该类城市党委相应党内法规制定权的终结，也不代表未来我国地方党内法规制定权应予收回或限缩。此外，伴随2015年《中华人民共和国立法法》的修改，地方立法权已全面下放至设区的市层级。基于强化作为

① 欧爱民、李丹：《党内法规法定概念之评述与重构》，《湘潭大学学报（哲学社会科学版）》2018年第1期。

② 《我市党内法规制定试点工作方案获批》，中共武汉市委统一战线工作部网，2017年8月31日，http://whtzb.org/home/info/6183.html。

③ 例如，2017年《沈阳市容错纠错实施办法（试行）》；2018年《福州市“马上就办、真抓实干”若干规定（试行）》、2018年《福州市推进乡镇（街道）党员教育培训常态化实施办法（试行）》；2018年《严格党的组织生活实施细则（试行）》、2018年《青岛市村（社区）党员干部廉洁履行职责若干规定（试行）》；2018年《武汉市委加强基层党员干部作风建设若干规定（试行）》；2018年《中国共产党深圳市社区委员会工作规则（试行）》、2018年《中国共产党深圳市街道工作委员会工作规则（试行）》；2018年《中共南宁市委员会深入治理扶贫领域形式主义官僚主义若干规定（试行）》；2018年《兰州市作风建设监督办法》、2018年《兰州市规范基层党组织生活制度实施细则》。

④ 《中共中央印发〈关于加强党内法规制度建设的意见〉》，共产党员网，2017年6月25日，https://news.12371.cn/2017/06/25/ARTI1498388905892459.shtml。

本地区领导核心之地方党委有效实现执政目标的考量，且避免出现“国家法律法规与党内法规联动审查方面的不协调和不平衡”① 问题，亦可考虑赋予直辖市、副省级及省会城市党委以外的其他设区的市党委，在一定范围内的地方党内法规制定权，抑或“只能制定规范性文件在本地党组织实施”②。有必要将《制定条例》的相关规定技术性修改为“省、自治区、直辖市等地方党委”，从而为后续地方党内法规制定权的扩张性探索预留必要的开放性调整空间。

另一方面，就有权地方党委的羁束性调整而言。前述《制定条例》相关规定将地方党内法规的制定主体约束性地指向有权地方党委，而非有权地方党组。地方党组作为设置在地方国家机关中的党的组织机构，无权制定地方党内法规，就其参与相关地方规范性文件制定活动的方式应予以限制性列明。其一，由地方党组制定，但以党组所在地方国家机关的名义来发布，则成为地方政府规范性文件。例如，2018 年《中共北京市体育局党组关于“三重一大”决策制度的实施办法》，即为中共北京市体育局党组制定，但以北京市体育局的名义（发文字号：京体字〔2018〕52 号）来发布。其二，由地方党组制定，也以该地方党组的名义来发布，则成为地方党内规范性文件。例如，2017 年《自治区卫生计生委实施〈中共宁夏回族自治区委员会实施《中国共产党问责条例》办法（试行）〉细则（试行）》，即为中共宁夏回族自治区卫生和计划生育委员会党组制定，也以该党组的名义（发文字号：宁卫计党发〔2017〕21 号）来发布。虽然这些规范性文件从制定主体到实施

---

① 莫纪宏：《党内法规体系建设重在实效》，《东方法学》2017 年第 4 期。

② 王振民：《党内法规制度体系建设的基本理论问题》，《中国高校社会科学》2013 年第 5 期。

范围，皆与相应地方党内法规存在较为明显的差别，但在规范名称使用上却未能有所区分，而普遍使用了规定、办法、规则、细则这四类地方党内法规的规范名称①。有必要将通知、意见、纲要、规划等列明为各类地方政府规范性文件与地方党内规范性文件的专有规范名称，并就违规使用七类党内法规规范名称的行为设定较为严格的罚则规范，进而从实质要件到形式表达，皆完成对有权地方党委与无权地方党组的羁束性行为指引。

## 小　　结

党内法规作为一个实践先导性概念，伴随“五位一体”的中国特色社会主义法治体系建设目标的提出，而逐渐成为一类兼具理论共识与争鸣的学理命题。若尝试改变相关研究搬抄国家层面法律规范体系研究的偏狭进路，则应回归到党内法规的基本范畴来识别、提炼其独有规范特性。党内法规制定权限即为颇具典型性的一类基本范畴，其涵摄了党内法规制度体系从位阶到主体乃至事项配置与冲突等全方位命题。分别

① 例如，2018 年《中共北京市体育局党组关于禁止公务活动和工作时间饮酒的规定》；2016 年《陕西省民政厅干部鼓励激励实施办法（试行）》、2016 年《陕西省民政厅党员干部容错纠错实施办法（试行）》、2016 年《陕西省民政厅推进厅管领导干部能上能下实施办法（试行）》、2017 年《河北省地震局对领导干部提醒、函询和诫勉实施办法（试行）》、2018 年《中共北京市体育局党组关于“三重一大”决策制度的实施办法》、2018 年《陕西省环境保护厅划分廉政风险等级强化主动监督实施办法（试行）》、2018 年《河北省地震局党组贯彻落实中央八项规定实施细则精神的实施办法》；2018 年《中共河北省地震局党组全面深化改革领导小组工作规则》；2017 年《自治区卫生计生委实施〈中共宁夏回族自治区委员会实施〈中国共产党问责条例〉办法（试行）〉细则（试行）》。

以效力位阶体系和制定主体序列为对象，来完成对党内法规制定权限规范内涵的准据阐明与载体阐明，是该类基本范畴研究的逻辑起点。层级型配置样态中的党内法规内部效力位阶形成了一种金字塔式效力位阶等级结构，交错型配置样态中的党内法规外部效力位阶则形成了一种内外梯次交集式效力位阶耦合结构。既应在类型化静态建构模式下，确立中央层面党内法规制定主体的渊源性、目标性与事务性之层级分权体系；也应在授权化动态调整模式下，探索地方层面党内法规制定主体的补正平衡。基于此，尝试阐明党内法规制定权限在规范准据和规范载体面向的规范内涵，有助于完成必要的独有规范特性检视，并为相关党内法规基本范畴研究指明方向。

# 第二章　党内法规制定权限的科层化事项配置论

本章研究是解构党内法规制定权限特有属性的线索基石，旨在厘清存续于相关规范性文件中的基于“效力位阶差异性”① 之科层化制定权限事项配置要义。《制定条例》和 2017 年《关于加强党内法规制度建设的意见》的相关规定，即在事实上将党内法规划分为党章、中央党内法规、部门党内法规和地方党内法规这四个层级。具有最高效力的党章可就党实现纲领、开展活动并规定各类党内事务的方方面面，来设置根本性规范，而成为其他党内法规的制定基础和依据。制定党章所涉权限事项范围的广延性与普适性就毋庸赘述。这里主要围绕“中央党内法规、部门党内法规和地方党内法规”② 这三个层级，来分别厘清其各自所涉“重大事项、较大事项和一般事项”③ 的表达要旨，进而明晰相应的事项冲突弥合规范。

---

① 付子堂：《法治体系内的党内法规探析》，《中共中央党校学报》2015 年第 3 期。

② 王振民：《党内法规制度体系建设的基本理论问题》，《中国高校社会科学》2013 年第 5 期。

③ 宋功德：《党规之治》，法律出版社 2015 年版，第 478 页。

## 第一节　中央党内法规的制定权限事项范围

中央党内法规作为党的中央组织制定的整体框架性党内法规，依循《制定条例》第9条的列举式清单规定，所涉制定权限事项更多地强调了“基本”“重大”等描述性语词所凸显的全局性、原则性与基础性事项；并通过作出基本规定的“准则”① 形式和作出全面规定的“条例”② 形式，就组织、领导、自身建设和监督保障这四大板块的党内法规制度事项，予以了集中统一规定。有必要依循“效力范围合法性”③ 原则，就所列举的七类专属权限事项范围予以方向型、制度型和问题型之界分。

① 例如，1980年《关于党内政治生活的若干准则》、2015年《中国共产党廉洁自律准则》、2016年《关于新形势下党内政治生活的若干准则》。

② 例如，2016年《中国共产党党内监督条例》、《中国共产党巡视工作条例》（2015年制定，2017年修改）、《中国共产党纪律处分条例》（2003年制定，2015年、2018年修改）、2018年《中国共产党支部工作条例（试行）》、2018年《干部人事档案工作条例》、2018年《社会主义学院工作条例》、《中国共产党农村基层组织工作条例》（1999年制定，2018年修改）、2019年《中国共产党政法工作条例》、2019年《中国共产党重大事项请示报告条例》、2019年《党政领导干部考核工作条例》、2019年《中国共产党党员教育管理工作条例》、2019年《中国共产党机构编制工作条例》、2019年《中国共产党宣传工作条例》、2019年《中国共产党农村工作条例》、2019年《中国共产党党校（行政学院）工作条例》、2019年《中国共产党国有企业基层组织工作条例（试行）》、《党政领导干部选拔任用工作条例》（2002年制定，2014年、2019年修改）、2019年《中国共产党党组工作条例》、《中国共产党党内法规制定条例》（2012年制定，2019年修改）、《中国共产党问责条例》（2016年制定，2019年修改）、《中国共产党党和国家机关基层组织工作条例》（1998年制定，2010年、2019年修改）等。

③ 王若磊：《依规治党与依法治国的关系》，《法学研究》2016年第6期。

## 一、方向型事项范围

方向型事项即《制定条例》第 9 条第 1 款第 1 项所列明的“党的性质和宗旨、路线和纲领、指导思想和奋斗目标”事项。该类事项应依循党章总纲部分的相关规定，来厘清其事项表达要旨。

### （一）立场方向型事项表达

立场方向型事项表达主要指向“党的性质和宗旨”规定，其抽象性最强。该类事项更多地表征了“党内法规更高的道德性要求”①，并通过“遵循‘以体现党的性质、展示党的形象、服务党的使命、防止权力滥用为限’以及‘不抵触宪法和法律’两条标准”② 前提下“党规党纪严于国家法律”③ 的方式来具体凸显。一方面，就相应中央党内法规制定依据的方向型设定而言，有必要依循党章总纲第 1 自然段的“先锋队、领导核心、最高理想和最终目标”之性质阐明，来明晰所涉党内法规制定的属性依据。另一方面，就相应中央党内法规制定目的的方向型设定而言，有必要依循党章第 29 自然段“全心全意为人民服务”的直观宗旨设定，以及第 32 自然段的“中国共产党的领导是中国特色社会主义最本质的特征”之总括式宗旨表达，来明晰所涉党内法规制定的进阶宗旨目的。

---

① 陈光：《党内法规在社区治理中的作用研究》，《中共浙江省委党校学报》2017 年第 3 期。

② 姚国建：《论“党规严于国法”的正当性及其界域》，《理论视野》2020 年第 6 期。

③ 《中共中央关于全面推进依法治国若干重大问题的决定》，《人民日报》2014 年 10 月 29 日。

## （二）原则方向型事项表达

原则方向型事项表达主要指向“党的指导思想和奋斗目标”规定，其抽象性次之。该类事项更多地表征了党内法规在精神层面的“先进性、科学性、真理性和一元性”①，并使之“成为党内法规体系的灵魂与标杆”② 而引领党内法规体系的一体化有机构建。一方面，就相应中央党内法规制定指导思想的方向型设定而言，有必要依循总纲第 2—8 自然段之“马克思列宁主义、毛泽东思想、邓小平理论、‘三个代表’重要思想、科学发展观、习近平新时代中国特色社会主义思想”的指导思想阐明，来明晰所涉党内法规制定的阶段性、全过程指导思想。另一方面，就相应中央党内法规制定原则的方向型设定而言，有必要依循总纲第 9、10 自然段之“三大历史任务，‘两个一百年’、中华民族伟大复兴”的奋斗目标阐明，来明晰所涉党内法规制定的类型化、进阶型原则。

## （三）践行方向型事项表达

践行方向型事项表达主要指向“党的路线和纲领”规定，其更为具体、可操作性最强。该类事项更多地表征了在“党的路线方针政策的法律化、条文化”③ 进路下，成就“以党的基本路线为统领的政策制

---

① 管华：《党内法规制定技术规范论纲》，《中国法学》2019 年第 6 期。

② 王建芹：《法治视野下的党内法规体系建设》，《中共浙江省委党校学报》2017 年第 3 期。

③ 李林：《论“党内法规”的概念》，《法治现代化研究》2017 年第 6 期。

度体系”① 的阶段性与实践性。一方面，就相应中央党内法规所涉框架性制度的方向型设定而言，有必要依循总纲第 11 自然段之“社会主义初级阶段的基本路线”宣示，以及第 24 自然段之“全面推进党的政治建设、思想建设、组织建设、作风建设、纪律建设”的总体纲领宣示，来明晰所涉党内法规制定的基本框架结构。另一方面，就相应中央党内法规所涉具体领域性制度的方向型设定而言，有必要依循总纲第 12—23 自然段之“经济建设、四项基本原则、改革开放、社会主义市场经济、社会主义民主政治、社会主义先进文化、社会主义和谐社会、社会主义生态文明、对人民解放军和其他人民武装力量的绝对领导、社会主义民族关系、爱国统一战线、独立自主的和平外交政策”的基本纲领阐明，以及第 25—29 自然段之党的建设在“党的基本路线、党的思想路线、全心全意为人民服务、民主集中制、从严管党治党”方面的基本要求阐明，来明晰所涉党内法规制定的主要适用领域。

## 二、制度型事项范围

制度型事项即《制定条例》第 9 条第 1 款第 2、3、4、6 项所列明的“党的各级各类组织的产生、组成和职权职责”“党员义务权利方面”“党的领导和党的建设各方面”“党的纪律处分和组织处理方面”之基本制度事项。该类事项应依循党章总纲和各章的相关规定，来厘清其事项表达要旨。

---

① 张文显：《习近平法治思想研究（中）——习近平法治思想的一般理论》，《法制与社会发展》2016 年第 3 期。

### （一）组织法规制度

组织法规制度主要指向“党的各级各类组织的产生、组成和职权职责”规定。该类事项旨在凸显其相应的“系统建构功能与规范作用”①，以确保体系化的组织框架推动“提升党的执政能力，提高国家权力机关的威信”②。有必要依循党章第2章、第3章、第4章、第5章的相关规定，从组织形式到中央、地方、基层这三级组织架构，来完成相应中央党内法规在加强党的建设、巩固执政领导方面的框架性组织制度设定。

### （二）自身建设法规制度

自身建设法规制度主要指向“党员义务权利方面”和“党的建设方面”规定。该类事项旨在凸显其相应的“组织系统结构再造与子系统有效整合”③ 功用，以推动从党员个体到组织人事管理各个层面组织建设的功能性完善。有必要依循党章第1章、第6章、第11章的相关规定，从党员、党的干部到党的标志这三个方面，来完成相应中央党内法规的框架性建设制度设定。

### （三）领导法规制度

领导法规制度主要指向“党的领导方面”规定。该类事项旨在凸

① 薛刚凌：《党的组织法基本问题研究》，《法学杂志》2020年第5期。

② 游劝荣：《地方党组织与国家权力机关相互关系运行机制研究》，《东南学术》2009年第1期。

③ 薛刚凌：《党的组织法基本问题研究》，《法学杂志》2020年第5期。

显“为党发挥总揽全局、协调各方领导核心作用”[①] 提供必要的规范指引，并将坚持党的领导作为一种原则立场设定于各位阶规范性法律文件之中[②]。有必要依循党章总纲第32自然段“加强和改善党的领导”的八类“必须”事项和第9章、第10章的相关规定，从基本原则、党组实施到群团延伸这三个方面，来完成相应中央党内法规的框架性领导制度设定。特别是应强调发挥“党组是党与国家机关重要的联结点”[③] 作用。各级党组作为贯彻落实党的领导的重要组织载体，相关党组规范设定的质量会直接影响到党的领导的实际效果发挥。

### （四）监督保障法规制度

监督保障法规制度主要指向“党的纪律处分和组织处理方面”规定。该类事项旨在凸显“对党组织工作、活动和党员行为的监督、考核、奖惩、保障”[④]，以确保其所涉公权力的规范、有效行使。有必要依循党章第7章、第8章的相关规定，从党的纪律和党的纪律检查机关这两个方面，来完成相应中央党内法规的框架性监督制度设定。既通过明晰

---

① 刘怡达：《论纪检监察权的二元属性及其党规国法共治》，《社会主义研究》2019年第1期。

② 例如，《中华人民共和国立法法》第3条规定：“立法应当遵循宪法的基本原则，以经济建设为中心，坚持社会主义道路、坚持人民民主专政、坚持中国共产党的领导、坚持马克思列宁主义毛泽东思想邓小平理论，坚持改革开放”；《中华人民共和国监察法》第2条规定：“坚持中国共产党对国家监察工作的领导，以马克思列宁主义、毛泽东思想、邓小平理论、‘三个代表’重要思想、科学发展观、习近平新时代中国特色社会主义思想为指导，构建集中统一、权威高效的中国特色国家监察体制。”

③ 秦前红、陈家勋：《党政机构合署合并改革的若干问题研究》，《华东政法大学学报》2018年第4期。

④ 中共中央办公厅法规局：《以改革创新精神加快补齐党建方面的法规制度短板》，《求是》2017年第3期。

化、体系化的监督制度设定来保障其他党内法规的实施绩效，也强调通过规范、有序的监督执纪程序设定来切实维护党员的正当合法权利。

## 三、问题型事项范围

问题型事项即《制定条例》第 9 条第 1 款第 5、7 项所列明的“涉及党的重大问题”“其他应当由中央党内法规规定”之问题事项。该类事项往往呈现出一定的“文本的模糊性”①，有必要厘清相关规范设定的程度、性质之模糊表达要旨。

### （一）重大问题事项

重大问题事项主要指向“涉及党的重大问题”规定。有必要凸显该类事项的导向性、过程性特色，而依循党的系列“重大问题的决定”② 来厘清其事项范围。该类党内规范性文件往往分别针对宏观抽象问题和微观具体问题来展开设定。一方面，就宏观抽象问题而言，所涉党内规范性文件从全面深化改革、国家治理体系和治理能力现代化、和

① 陈光：《论党内立规语言的模糊性及其平衡》，《中共中央党校学报》2018 年第 1 期。

② 例如，1994 年《中共中央关于加强党的建设几个重大问题的决定》、1998 年《中共中央关于农业和农村工作若干重大问题的决定》、1999 年《中共中央关于国有企业改革和发展若干重大问题的决定》、2006 年《中共中央关于构建社会主义和谐社会若干重大问题的决定》、2008 年《中共中央关于推进农村改革发展若干重大问题的决定》、2009 年《中共中央关于加强和改进新形势下党的建设若干重大问题的决定》、2011 年《中共中央关于深化文化体制改革推动社会主义文化大发展大繁荣若干重大问题的决定》、2013 年《中共中央关于全面深化改革若干重大问题的决定》、2014 年《中共中央关于全面推进依法治国若干重大问题的决定》、2019 年《中共中央关于坚持和完善中国特色社会主义制度　推进国家治理体系和治理能力现代化若干重大问题的决定》。

谐社会、依法治国这四个方面，列明了相应整体性中央党内法规的事项范围，可对应至“作出基本规定”的准则位阶。另一方面，就微观具体问题而言，所涉党内规范性文件从党的建设、文化体制、农业农村、国有企业这四个方面，列明了相应框架性中央党内法规的事项范围，可对应至“作出全面规定”的条例位阶。

### （二）其他问题事项

其他问题事项主要指向“其他应当由中央党内法规规定”规定。有必要凸显该类事项的非常态化、阶段性特色，而依循党的任务性“决定”[①] 来厘清相应框架性中央党内法规的事项范围。该类党内规范性文件所确立之学习宣传贯彻党的十九大精神、党和国家机构改革、预备役部队领导体制、生育政策等个殊化任务，亦可对应至“作出全面规定”的条例位阶。

## 第二节　部门党内法规与地方党内法规的制定权限事项范围

虽然部门党内法规与地方党内法规分属不同位阶，且前者作为党中央各部门基于其“独立或相对独立的管理职能”[②] 定位制定的结构事务

---

① 例如，2017 年《中共中央关于认真学习宣传贯彻党的十九大精神的决定》、2018 年《中共中央关于深化党和国家机构改革的决定》、2020 年《关于调整预备役部队领导体制的决定》、2021 年《中共中央、国务院关于优化生育政策促进人口长期均衡发展的决定》。

② 周望：《党内法规制定主体研究：制度、实践与法理——兼论〈中国共产党党内法规制定条例〉的完善》，《吉林大学社会科学学报》2019 年第 3 期。

性党内法规，与后者作为部分地方党委基于其“贯彻落实党中央重大决策部署”① 要求制定的区域执行性党内法规，存在着明显的界分，但依循《制定条例》第 10 条、第 11 条的列举式规定与第 12 条的概括式规定，可以发现这两类党内法规的制定权限事项存在一定的趋同性，即皆主要指向配套规定、职责履行和特殊授权这三类职权性事项；且它们都是通过作出具体规定办法、规则、细则形式，就“党的某一方面重要工作的要求和程序”② 来予以细化与可操作性规定。只不过部门党内法规侧重领域结构性，地方党内法规则更多地侧重层级区域性。

## 一、配套规定事项范围

该类事项的表达要旨往往凸显“从属性、实施性、规范性和耦合性”③。《制定条例》第 14 条从形式要求与实质要求这两个方面，就配套规定事项表达要旨予以了原则性设定。

### （一）配套规定的形式要求

配套规定的形式要求应以所涉上位党内法规在“清晰、严密、完整的逻辑结构”④ 中的明确配套授权规定为依据，无规定即不用配套。有必要将该类权限事项定位为一种严格的羁束性授权事项；并基于此，

① 宋功德：《全方位推进党内法规制度体系建设》，《人民日报》2018 年 9 月 27 日。

② 参见《中国共产党党内法规制定条例》第 5 条第 5 款的相关规定。

③ 祝捷、王萌：《论党内法规配套立规的政治逻辑及其制度实现》，《河南社会科学》2020 年第 2 期。

④ 中央办公厅法规局法规处：《新时代党内法规制度建设的有力引擎》，《秘书工作》2019 年第 10 期。

依循《制定条例》第 10 条、第 11 条所明晰的“为贯彻执行中央党内法规作出配套规定”要求，即在事实上将配套规定的“贯彻执行”对象仅限于中央党内法规，以确保其“在遵循政治逻辑基础上的立规质量、效果”①。

### （二）配套规定的实质要求

配套规定的实质要求有必要立足于确保相应党内法规制度体系协调性与融贯性的基本立场，从规范性文件的制定宗旨、制定技术方面，将限定范围、细化实施、非重复设定确立为制定配套规定的三项基本原则。

首先，就限定范围原则而言。应厘清该原则所指向的“不得超出上位党内法规规定的范围”要义。即以所涉上位党内法规的制定权限事项为基准范围；以所涉上位党内法规规制的行为种类、行为幅度、行为方式以及相应的职权清单为适用范围。

其次，就细化实施原则而言。应厘清该原则所指向的“应当明确、具体，具有针对性、可操作性”要义。即在配套规定的语言文字形式性表述方面，要求应明白确定、不笼统并凸显规范细节；在配套规定的行为准则实质性设定方面，要求应围绕明确的问题对象来设定具体措施，并凸显所涉行为标准、原则与规程设定便于观测、易执行与可控性。

最后，就非重复设定原则而言。应厘清该原则所指向的“已经明确规定的内容不作重复性规定”要义。其一，上位规范中的明确规定

① 祝捷、王萌：《论党内法规配套立规的政治逻辑及其制度实现》，《河南社会科学》2020 年第 2 期。

大致可分为概括式明确与列举式明确这两种。前者主要围绕特定规范事项的概念界分与定性分析，而予以概括；后者则主要围绕特定规范事项的范围清单与定量分析，而予以列举。其二，下位规范中的重复性规定则可大致分为程序性引述重复与实体性规制重复这两类。前者主要是基于相应规范设定的体系化考量，就所涉上位规范的相关规定予以引述性表达，而为其配套规定的具体展开作程序性铺垫；后者主要是基于相应规范设定的照搬照抄式"过场化"考量，就所涉上位规范的相关规定予以规制性表达，或原封不动、或改头换面，直接作为其配套规定的具体内容而实体性重复。基于此，应根据明确规定与重复性规定的具体情形来予以类型化设定。列举式明确规定当属于绝对禁止重复事项；概括式明确规定则属于一般性禁止重复事项，可在下位规范中予以适当的程序性引述重复。实体性规制重复即为绝对禁止事项，任何情形下不得出现于相关下位规范中，否则即可能触发相应的规范制定问责机制；程序性引述重复则为相对禁止事项，在限定篇幅和比例的前提下，可以出现于相关下位规范中，而不必触发规范制定问责机制或成为问责豁免事由之一。

## 二、职责履行事项范围

该类事项的表达要旨往往强调避免因"部门或地方利益，出现'纵向碎片化'现象"①。《制定条例》第 10 条、第 11 条围绕党中央各部门与部分地方党委的职责履行事项表达要旨，分别予以体系协调

① 徐信贵：《党内法规的规范属性与制定问题研究》，《探索》2017 年第 2 期。

化的方向性设定。

## （一）领域结构性职责履行事项范围

领域结构性职责履行事项范围旨在凸显党中央各部门应围绕“党的工作相关职责”之职权范围来制定部门党内法规，以避免诱发可能的“部门利益化的‘立法’质量悖论问题”①。党中央纪律检查委员会则主要围绕党章第46条第2款规定的“监督、执纪、问责”事项范围来制定相应部门党内法规，以达成其同体监督、自我规制目标。

依循2017年《中国共产党工作机关条例（试行）》第2条之规定，有权制定部门党内法规的党中央各部门可分为党中央办公厅、党中央职能部门和党中央办事机构这三类。其一，党中央办公厅。该部门应主要围绕2017年《中国共产党工作机关条例（试行）》第12条规定的“推动落实、协调工作、运行保障”事项范围来制定相关部门党内法规，以推进其落实、协调、保障的结构性工作事务。其二，党中央职能部门。该部门应主要围绕2017年《中国共产党工作机关条例（试行）》第13条规定的“独立管理、组织实施、协调指导”事项范围来制定相关部门党内法规，以推进其主管某一方面工作的结构性工作事务。其三，党中央办事机构。该部门应主要围绕2017年《中国共产党工作机关条例（试行）》第14条规定的“议事协调、特定管理”事项范围来制定相关部门党内法规，以推进其协助办理某一方面重要事务的结构性工作事务。

① 张晓燕：《求真务实地研究和解决党内法规制度建设的重点、难点问题》，《中国党政干部论坛》2013年第9期。

### （二）层级区域性职责履行事项范围

层级区域性职责履行事项范围旨在凸显部分地方党委围绕“领导本地区经济社会发展和负责本地区党的建设相关职责”之职权范围来制定地方党内法规，以避免诱发可能的“地方党内法规建设规划相对滞后的体系化不足问题”①。经北大法宝检索，现行有效的地方党内法规共318件，各个省级地方皆有制定。

《制定条例》第11条明确规定了作为常态化有权地方党委的省级党委，应围绕地方经济社会发展和地方党建这两类事项来制定相应地方党内法规。其中省级党委主要围绕地方党建事项来单独制定地方党内法规，如2012年《中国共产党河北省委员会党内法规制定细则》第4条②、2013年《中共江苏省委关于贯彻〈中国共产党党内法规制定条例〉的实施办法》第3条③就此皆有明确规定。涉及地方经济社会发展事项则往往与同级政府联合发文来制定相应地方规范性文件，而较少单独制定地方党内法规。

---

① 周悦丽：《以地方为视角的党内法规体系建设研究》，《北京行政学院学报》2018年第4期。

② 2012年《中国共产党河北省委员会党内法规制定细则》第4条：“按照职权范围，下列事项应当由省委党内法规作出规定：（一）省委贯彻落实中央重大决策，贯彻中央党内法规和中央纪律检查委员会、中央各部门党内法规作出规定的重要事项；（二）省委总揽全局、协调各方、实施全面领导的重要制度；（三）省委加强和改进党的建设特别是全省各级党组织和党员队伍建设的重要制度；（四）全省党的各方面工作的重要制度；（五）其他应当由省委党内法规规定的事项。”

③ 2013年《中共江苏省委关于贯彻〈中国共产党党内法规制度条例〉的实施办法》第3条：“下列事项应当由我省党内法规规定：（一）贯彻落实中央党内法规的具体制度；（二）加强全省党的建设的指导思想、基本原则、工作目标和重要举措；（三）我省党的思想、组织、作风、反腐倡廉和制度建设等方面的重要制度；（四）其他应当由我省党内法规规定的事项。省纪律检查委员会，省委各部门，各市、县（市、区）党委可在职权范围内制定党内有关制度。”

2017 年《关于加强党内法规制度建设的意见》的相关概括性规定①即尝试将副省级城市、省会城市党委设定为非常态化有权地方党委，仅能“根据中共中央授权”② 而围绕“基层党建、作风建设”事项来制定相应地方党内法规。特别是依循《制定条例》关于有权地方党委的闭合式限制性规范设定，则在一定程度上显现出地方党内法规制定权的审慎授权或限缩配置趋向，从而有必要根据既有中央层面党的自身建设相关党内法规的类型化设定，就制定地方党内法规所涉“基层党建、作风建设”事项范围予以列明。

## 三、特殊授权事项范围

该类事项的表达要旨往往基于“保证中央党内法规制定质量和实际成效”③ 目标，通过获得授权部门的先行先试与实践经验总结，进而“为全党全国提供可复制、可推广的制度成果”④。《制定条例》第 12 条从实体性要求与程序性要求这两个方面，就特殊授权事项范围予以了专门性设定。

---

① 2017 年《关于加强党内法规制度建设的意见》规定：“探索赋予副省级城市和省会城市党委在基层党建、作风建设等方面的党内法规制定权。”

② 王圭宇：《新时代党内法规同国家法律衔接和协调的实现路径》，《学习论坛》2019 年第 5 期。

③ 中办法规局法规处：《新时代党内法规制度建设的有力引擎》，《秘书工作》2019 年第 10 期。

④ 周叶中：《关于中国共产党党内法规体系化的思考》，《武汉大学学报（哲学社会科学版）》2017 年第 5 期。

## （一）特殊授权的实体性要求

该类实体性要求主要指向授权所涉的事项范围与宗旨目标，《制定条例》第 12 条第 1 款就此予以了专门规定。一方面，就事项范围而言，仅限于中央党内法规的制定权限事项范围，才可由党中央来决定实施授权。但若所涉事项本身存在专属性规定且不得授权制定①，即为该类特殊授权的排除范围，从而确立了中央集中统一领导事项禁止授权的基本原则。另一方面，就宗旨目标而言，具体指向维护中央集中统一领导前提下的先行先试要义，为完成制定相应中央党内法规而“提供经验和样本”②。该类特殊授权的授权期限亦有必要从具体时限方面来初步厘清“条件成熟”要件。可参照副省级城市、省会城市党委有限授权③制定地方党内法规的一年试点期，将具体时限设定为一年，并在其基础上，就“条件成熟”的其他行为、事实要件来予以明确。

## （二）特殊授权的程序性要求

该类程序性要求主要指向授权所涉的授权要求、请示报告与报批，《制定条例》第 12 条第 2 款就此予以了专门规定。其一，就授权要求而言，应结合“严格遵循授权要求”的规定，将获授权制定机关的可能

① 例如，《制定条例》第 9 条第 2 款规定：“凡是涉及党中央集中统一领导的事项，只能由中央党内法规作出规定。”

② 童彬：《党内法规制定权和程序机制研究——以副省级城市和省会城市党委制定党内法规为例》，《探索》2018 年第 2 期。

③ 参见《我市党内法规制定试点工作方案获批》，中共武汉市委统一战线工作部网，2017 年 8 月 31 日，http://whtzb.org/home/info/6183.html。

"'再授权'或变相'再授权'的情形"① 予以显性排除。明确规定获授权制定机关不得转授权其他机关来制定相应党内法规。其二，就请示报告而言，在规划与计划、起草这两个一般性党内法规制定程序环节基础上，即在事实上增加了这两个环节中重大事项"及时向党中央请示报告"的前置性审查要求。其三，就报批而言，凸显"报党中央批准后方可发布"的基准环节要求外，亦在《制定条例》第 28 条第 2 款、第 3 款规定的部门党内法规、地方党内法规本级审批环节基础上，增加了《制定条例》第 28 条第 1 款第 4 项规定之"采取传批方式，由中央办公厅报党中央审批"的复核审查环节。

## 第三节　事项冲突的弥合规范

基于上述两类应然层面的制定权限事项范围厘清，"效力层次自洽的规范体系"② 得以初步检视。但"'金字塔'式闭合结构"③ 中的不同位阶党内法规，在实然层面亦有可能基于其不同的制定权限，就非专属的同一类事项作出不同规定，而生成相应的显性或隐性事项冲突。面对该类制定权限事项冲突问题，则需明晰"目标、激励与约束维度"④

① 苏绍龙:《论党内法规的制定主体》,《四川师范大学学报（社会科学版)》2018 年第 5 期。

② 侯继虎:《新时代党内法规体系化的法理逻辑与发展路径》,《政治与法律》2019 年第 4 期。

③ 杨爱平、陈瑞莲:《从"行政区行政"到"区域公共管理"——政府治理形态嬗变的一种比较分析》,《江西社会科学》2004 年第 11 期。

④ 陈家建、边慧敏、邓湘树:《科层结构与政策执行》,《社会学研究》2013 年第 6 期。

中相应的事项冲突弥合规范，可依循《制定条例》第31条、第32条、第33条设置的上位规定优位、新规定与特别规定优位、共同上级干预这三项原则来具体设定。

## 一、显性事项冲突弥合规范

显性事项冲突即指依循既有党内法规位阶体系设定，上下位阶的党内法规围绕同一类事项存在明显的“相抵触”规定。《制定条例》第31条的三项规定，具体固化了党章、中央党内法规、部门党内法规和地方党内法规的四级位阶体系，并通过“不得同……相抵触”之规范表达明晰了上位规定优位原则。有必要结合《制定条例》第32条第1款的四项列举式清单规定，进一步明确上位规定优位原则的具体适用情形与“责令改正或撤销”的适用措施，旨在避免从原则精神到规范设定的“相抵触”情形发生。

### （一）因修改衔接所致的显性事项冲突

该类显性事项冲突往往因下位党内法规未能及时与上位党内法规修改相衔接所致。事实上，近年来经过两次集中清理[①]党内法规后，并在《中国共产党党内法规和规范性文件备案审查规定》（2012年制定，2019修改）的系统性约束下，明显“相抵触”的显性事项冲突现象渐趋偶发与被动性。因修改衔接所致的显性事项冲突，却由于下位党内法

① 参见《中共中央完成党内法规和规范性文件第二次集中清理工作》，中华人民共和国中央人民政府网，2019年4月11日，http://www.gov.cn/xinwen/2019-04/11/content_5381519.htm。

规变迁的滞后性而有所凸显。例如，《中国共产党问责条例》于 2019 年修订后新增了第 20 条之问责申诉程序规定，并就申诉处理机关和处理期限予以了明确设定①。2017 年《中共吉林省委贯彻〈中国共产党问责条例〉实施办法》（已失效）第 35 条、第 36 条的相关规定②，则与之存在明显"相抵触"。但该地方党内法规的相关规定，在相应上位党内法规修改之前是与之契合的贯彻执行配套规定，所涉事项冲突皆系未与修改相衔接的被动性事项冲突。而后《中共吉林省委贯彻〈中国共产党问责条例〉实施办法》（2017 年制定，2021 年修改）第 35 条的相关条款亦修改为："可以自收到问责决定之日起 1 个月内，向作出问责决定的党组织提出书面申诉。作出问责决定的党组织接到书面申诉后，应当在 1 个月内作出申诉处理决定"。对照修改后的上位党内法规进行了相应调整，以具体弥合前述规定"相抵触"问题。基于此，该类事项冲突的弥合目标应指向建设性备案审查，以"责令改正"措施来推动相应下位党内法规积极完成相关衔接性修改。

### （二）因规定抵触所致的显性事项冲突

该类显性事项冲突即属于典型意义的显性事项冲突，其并非因修改衔接所致，而是自始至终即与相应上位党内法规的相关规定存在"相抵触"。例如，2013 年《广西壮族自治区领导干部违反改进作风有关规

---

① 《中国共产党问责条例》（2016 年制定，2019 年修改）第 20 条规定："作出问责决定的党组织接到书面申诉后，应当在 1 个月内作出申诉处理决定"。

② 2017 年《中共吉林省委贯彻〈中国共产党问责条例〉实施办法》第 35 条规定："向作出复议复查决定党组织的上一级党组织提出申诉"；第 36 条规定："应当自受理复议复查或者申诉申请后 90 日内作出申诉处理决定"。

定实行问责的暂行办法》第 6 条[①]的四类问责方式规定，即与《中国共产党问责条例》修订前的第 7 条和修订后的第 8 条所规定的“通报、诫勉、组织调整或者组织处理、纪律处分”之四类问责方式皆存在事项冲突。基于此，该类事项冲突的弥合目标则应指向惩戒性备案审查，以“责令撤销”措施来推动相应下位党内法规完成《制定条例》第 37 条规定的“专项清理”，并根据《中国共产党问责条例》的相关规定来追究相应的主体责任与领导责任。

## 二、隐性事项冲突弥合规范

隐性事项冲突即指依循既有党内法规位阶体系设定，同位阶的党内法规围绕同一类事项存在模糊重复规定或差异化特有规定。其更多地是面临如何来选择适用，进而推动上位党内法规来完成有效规范整合的问题。

### （一）同一机关制定党内法规的同位阶事项冲突

针对该类隐性事项冲突，《制定条例》第 33 条明晰了新规定与特别规定优位原则。新旧规定依循同一机关的不同颁布时间来具体判断，特别规定则依循同一机关在适用时间、地点、主客体等方面的特别限制来具体判断。例如，1991 年《中共中央纪律检查委员会关于审理党员违纪案件工作程序的规定》和 1994 年《中国共产党纪律检查机关案件

① 2013 年《广西壮族自治区领导干部违反改进作风有关规定实行问责的暂行办法》第 6 条规定：“对领导干部的问责方式有批评教育、诫勉谈话、责令作出书面检查、通报批评”。

检查工作条例》皆由中共中央纪律检查委员会先后制定，属于典型的同一机关围绕同一类事项制定的同位阶党内法规。前者的第 7 条第 2 款①和第 3 款②分别就移送审理案件材料予以了两类各四项的列举式清单规定，后者的第 41 条③则就移送审理案件材料予以了七项的列举式清单规定。两者存在明显的模糊重复规定之隐性事项冲突，则应基于新规定与特别规定优位原则，以后者第 41 条的规定以及 1994 年《中国共产党纪律检查机关案件检查工作条例实施细则》第 41 条、第 42 条、第 43 条的实施性规定为准据而予以适用。基于此，该类隐性事项冲突的弥合目标应指向建设性备案审查，并参照采取“责令撤销”措施，来推动该类旧规定、一般规定之同位党内法规完成《制定条例》第 37 条规定的“专项清理”。

---

① 1991 年《中共中央纪律检查委员会关于审理党员违纪案件工作程序的规定》第 7 条第 2 款规定：“本级纪委检查部门移送的案件，应具备下列材料：（一）立案依据；（二）错误事实材料、被检查人对错误事实材料的意见及检查组对其意见的说明；（三）调查报告和主要证据材料；（四）被检查人的书面检讨。”

② 1991 年《中共中央纪律检查委员会关于审理党员违纪案件工作程序的规定》第 7 条第 3 款规定：“行政监察机关、公安机关、人民检察院、人民法院移送的案件，应具备下列材料：（一）行政监察机关移送的案件应具备处理意见或决定、调查报告、主要证据材料、与本人见面材料、本人意见和有关组织的说明；（二）公安机关移送的案件应具备行政处罚决定或行政强制措施决定、摘抄或复制的主要证据和本人检查交待等材料；（三）人民检察院移送的案件应具备免予起诉或不予起诉决定书的副本、侦查终结报告、摘抄或复制的主要证据和本人交待等材料；（四）人民法院移送的案件应具备起诉书、判决书或裁定书、摘抄或复制的主要证据和本人交待等材料。”

③ 1994 年《中国共产党纪律检查机关案件检查工作条例》第 41 条规定：“移送审理时，应移送下列材料，并办交接手续：（一）分管领导同意移送审理的批示；（二）立案依据；（三）调查报告和承办纪检室的意见；（四）全部证据材料；（五）与被调查人见面的错误事实材料；（六）被调查人对错误事实材料的书面意见和检讨材料；（七）调查组对被调查人意见的说明。”

## （二）不同机关制定党内法规的同位阶事项冲突

针对该类隐性事项冲突，《制定条例》第 32 条第 2 款的规定仅面向“不同部委制定的”部门党内法规层面，确立了“党中央”之共同上级干预原则。例如，中央纪律检查委员会制定的 1996 年《中共中央纪律检查委员会、中华人民共和国监察部关于保护检举、控告人的规定》和作为党中央工作机关的中共中央办公厅制定的 2020 年《纪检监察机关处理检举控告工作规则》，皆是同位阶的部门党内法规，而分别基于不同部门的职责履行考量，就检举控告人保护事项予以了规定。前者的第 4 条和后者的第 47 条皆就检举控告保密要求予以了列举式清单规定，并存在较大幅度的事项交集。但前者第 1 项①之“无关人员不在场”规定和后者第 4 项②之“宣传报道”规定则属于各自的差异化特有规定，既可择其一适用或兼有适用，亦可皆不适用，从而诱发一定的选择适用困境使得相关规定流于形式。基于此，该类隐性事项冲突的弥合目标亦应指向建设性备案审查。近期措施即参照适用“责令改正”，来推动该类不同机关制定的同位阶党内法规完成相应衔接性修改；远期措施即参照适用“责令撤销”，来推动作为其共同上级机关的“党中央”整合相关规范而出台相应的中央党内法规，并完成《制定条例》第 37 条规定的“即时清理”。

---

① 1996 年《中共中央纪律检查委员会、中华人民共和国监察部关于保护检举、控告人的规定》第 4 条第 1 项规定：“（一）纪检监察机关应设立检举、控告接待室，接受当面检举、控告应单独进行，无关人员不得在场。”

② 2020 年《纪检监察机关处理检举控告工作规则》第 47 条第 4 项规定：“（四）宣传报道检举控告有功人员，涉及公开其姓名、单位等个人信息的，应当征得本人同意。”

# 小　结

党内法规制定权限作为一个凸显实体、程序羁束性的规范意义概念，是彰显党内法规独有规范特性的一类范畴载体。所涉制定主体相应权力的特有属性，往往需要通过制定权限的具体事项配置来得以显明。党内法规的金字塔式效力位阶等级结构已然确立，则有必要基于效力位阶差异性来探究其制定权限的科层化事项配置。制定中央党内法规的专属权限事项范围应分别凸显其立场、原则与践行的方向型事项表达，组织、自身建设、领导与监督保障的制度型事项表达，导向性、过程性特色与非常态化、阶段性特色的问题型事项表达。制定部门党内法规与地方党内法规的专属权限事项范围则应分别凸显其形式、实质要求的配套规定事项表达，领域结构性、层级区域性的职责履行事项表达，实体性、程序性要求的特殊授权事项表达。不同位阶党内法规亦有可能就非专属的同一类事项作出不同规定，而生成显性或隐性事项冲突。各类事项冲突的弥合目标应指向建设性或惩戒性备案审查，并以相应措施来推动所涉党内法规完成修改、清理或整合。基于此，尝试解构制定不同层级党内法规的权限事项表达要旨与相应的事项冲突弥合规范，有助于显明相应权力的特有属性并为该类党内法规范畴载体研究奠定基础。

# 第三章　党内法规制定权限的组织行为论

党内法规的组织、领导、自身建设、监督保障这四大板块划分虽然初步厘清了党内法规制度体系的基本架构，但因各个板块的不同“组织、结构、程序、人员”[①] 之事务职能定位而凸显的“功能适当化”[②] 要义却较为模糊，则在其相应制定权限事项范围的“规范类型区分”[③] 上往往会存在一定的规制对象交集。本章研究是结合组织行为理论，在功能适当化党内法规制度体系架构下的释义表达。旨在围绕“党依据党内法规管党治党”[④] 的基本立场引领，针对相关规范设定在组织型社会系统中的不同功能定位，将党内法规规范界分为“组织系统统一体”[⑤] 维

---

① 张翔：《国家权力配置的功能适当原则——以德国法为中心》，《比较法研究》2018 年第 3 期。

② 参见赵谦、陈祥：《领导小组功能适当化：高标准农田建设机构建制条款的规范要义》，《中国土地科学》2019 年第 3 期。

③ 王轶：《法律规范类型区分理论的比较与评析》，《比较法研究》2017 年第 5 期。

④ 刘作翔：《当代中国的规范体系：理论与制度结构》，《中国社会科学》2019 年第 7 期。

⑤ 参见［德］尼克拉斯·卢曼：《风险社会学》，孙一洲译，广西人民出版社 2020 年版，第 270 页。

度的体系架构规范、“组织成员自生性”① 维度的干部人事规范、“组织风险控制”② 维度的纪律检查规范这三类；进而依循党内法规制度体系不同板块的差异化“公共事务管理职能”③ 定位，来完成其趋同性凝练前提下的“规范属性”④ 识别；最终通过阐明各类规范制定权限事项的表达要旨，尝试从“政党组织行为”⑤ 维度来界分党内法规的制定权限范围。

## 第一节　组织系统行为事项：体系架构规范的制定权限范围

执政党作为一类有着“相对明确的边界、规范的秩序（规则）、权威级层（等级）、沟通系统及成员协调系统（程序）的集合体”⑥，相应社会组织系统子集往往涉及“目标与价值子系统、社会心理子系统、

① 参见［德］尼克拉斯·卢曼：《风险社会学》，孙一洲译，广西人民出版社 2020 年版，第 271 页。

② 参见［德］尼克拉斯·卢曼：《风险社会学》，孙一洲译，广西人民出版社 2020 年版，第 272 页。

③ 参见刘旭涛：《公共事务：政府职能界定的重新思考》，《中国行政管理》1998 年第 5 期。

④ 参见徐忆斌：《“法的技术规定”抑或“法律规范”——冲突规则的规范属性之辨析》，《暨南学报（哲学社会科学版）》2013 年第 6 期；徐信贵：《党内法规的规范属性与制定问题研究》，《探索》2017 年第 2 期。

⑤ 参见刘圣中：《政党整合下的官僚制行政——当代中国公共行政的组织行为分析》，《公共管理学报》2005 年第 2 期；龚少情、周一平：《集体行动的逻辑与转型时期政党组织行为的激励》，《社会科学论坛》2012 年第 1 期。

⑥ ［美］理查德·H. 霍尔：《组织：结构、过程及结果（第 8 版）》，张友星、刘五一、沈勇译，上海财经大学出版社 2003 年版，第 35 页。

技术子系统、结构子系统和管理子系统”① 等方面。体系架构规范即是从执政党这一组织体的系统功能建构角度，围绕组织章程、组织原则、组织制度、组织机构及其相互关系等方面命题，来设定执政党“各级各类组织产生和职责”② 所涉组织系统行为事项，进而置于确保执政党有序组成、运行的整合性规范体系中，尝试从“具有根本性、统帅性、最高权威性”③ 的引领性组织章程，以及“静态组织结构与动态运行机制”④ 这三个方面，来具体阐明该类规范的制定权限事项表达要旨。

## 一、引领性组织章程事项范围

引领性组织章程作为各类组织体成员必须共同遵守的最高行为准则，旨在凸显执政党的组织规程和办事规则。其往往基于以党章为主干、以涉及章程事项的准则为延伸的规范载体，来推动实现执政党各类“总体部署的规范化与制度设计的具体化”⑤。

### （一）组织章程规范的类型化表达

所涉类型化表达主要从广度与深度这两方面，就组织章程规范的专

---

① ［美］弗莱蒙特·E. 卡斯特、［美］詹姆斯·E. 罗森茨韦克：《组织与管理：系统方法与权变方法》，傅严等译，中国社会科学出版社 2000 年版，第 19 页。

② 张力：《党政机关合署办公的标准：功能、问题与重构》，《政治与法律》2018 年第 8 期。

③ 农云贵：《论法治视域内的中国共产党党内法规体系》，《探求》2016 年第 6 期。

④ 薛刚凌：《党的组织法基本问题研究》，《法学杂志》2020 年第 5 期。

⑤ 李国梁：《论党内法规制定体制的发展与完善》，《探索》2019 年第 1 期。

属权限事项表达要旨予以了概括性列明。例如，《制定条例》第5条第2款[①]的相关规定。一方面，就广度而言，该类事项表达要旨具体涉及执政党的“党代表大会制度、党内选举制度、党内法规制定制度、党旗党徽”[②]等各方面事务。可将其概括为性质宗旨、路线纲领、思想目标、组织、党员、纪律这六类。另一方面，就深度而言，该类事项表达要旨往往凸显对各类事务“作出根本规定”。可通过党的政治建设相关基础性、本质性规范设定，来引领党的建设方向并确保相应的建设成效。

### （二）组织章程规范的修改表达

所涉修改表达主要指向党章等组织章程规范的修改。其往往表征着执政党路线、方针、政策的重大调整，“宪法序言及宪法‘总纲’内容的修改，大规模的立法活动和法律修改运动”[③]也会相伴而生。组织章程规范的制定权限事项亦在一定程度上彰显了执政党与人民意志、党规与国法的事务交错“溢出效应”[④]。现行有效的三件准则[⑤]皆不同程度地涉及组织章程事项。其中，两件党内政治生活准则分别就不同时期执

---

① 《中国共产党党内法规制定条例》（2012年制定，2019年修改）第5条第2款：“党章对党的性质和宗旨、路线和纲领、指导思想和奋斗目标、组织原则和组织机构、党员义务权利以及党的纪律等作出根本规定。”

② 李忠：《构建依规治党法规制度体系研究》，《西北大学学报（哲学社会科学版）》2017年第5期。

③ 强世功：《党章与宪法：多元一体法治共和国的建构》，《文化纵横》2015年第4期。

④ 孙兆刚、徐雨森、刘则渊：《知识溢出效应及其经济学解释》，《科学学与科学技术管理》2005年第1期。

⑤ 1980年《关于党内政治生活的若干准则》、2015年《中国共产党廉洁自律准则》、2016年《关于新形势下党内政治生活的若干准则》。

政党的工作重心变化和全方位整顿、建设事项提出了较为系统的任务要求；廉洁自律准则即是党章相关规定的具体化表达，并就廉洁自律工作设定了明确的标准指引。

## 二、静态组织结构事项范围

静态组织结构事项主要依循党章第 10 条所列明之党的民主集中制基本原则，围绕《制定条例》第 9 条第 1 款第 2 项所设定的“组织的产生、组成和职权职责”事项而具体展开。党章第 3 章“党的中央组织”、第 4 章“党的地方组织”、第 5 章“党的基层组织”和第 9 章“党组”针对该类事项确立了较为完备的基础性体系架构，并从三级党组织的组织结构事项和党组的组织结构事项这两方面来具体列明。

### （一）三级党组织的组织结构事项

该类组织结构事项被《制定条例》第 9 条第 1 款第 2 项明确设定为中央党内法规制定事项范围。基于此，分别围绕党章第 3 章设定了规制党的中央组织产生及其各自的职权等事项的中央组织党内法规①，围绕党章第 4 章设定了规制党的地方各级代表大会会议、会期、职权等事项的地方组织党内法规②，围绕党章第 5 章设定了规制党的各个基层组织制度、基本任务等事项的基层组织党内法规③。

---

① 例如，2017 年《中国共产党工作机关条例（试行）》等。

② 例如，《中国共产党地方组织选举工作条例》（1994 年制定，2020 年修改）、2016 年《中国共产党地方委员会工作条例》等。

③ 例如，《中国共产党农村基层组织工作条例》（1999 年制定，2018 年修改）、《中国共产党党和国家机关基层组织工作条例》（1998 年制定，2010 年、2019 年修改）等。

该类规范设定模式虽然大体上确立了较为完备的分散型三级组织结构规范体系，但“基础主干党规缺位、权责规定不清、统筹配置失调”① 等痼疾仍然存在，并可能进一步衍生党组织与相应国家机关之间权责边界不清、部分党组织权责依据模糊等问题。例如，2019 年《中国共产党政法工作条例》的相关规定涉及党中央、地方党委、党委政法委员会以及政法单位党组（党委）的领导职责配置等组织结构事项，并将相关规定的解释权概括性地赋予了中央政法委员会，从而在一定程度上可能诱发中共中央组织部与中央政法委员会这两个平级的党中央部门机构之间的权责重叠、交叉问题。有必要基于“机关结构决定职权归属”② 的功能主义立场，明确中共中央组织部在该类事项规范设定中作为起草主体、制定主体和解释主体的主导地位。进而通过该部门主导制定的准则层面之组织结构基本规定，来完成对既有分散型规范体系的统合。

### （二）党组织批准设立的党组的组织结构事项

该类组织结构事项主要指向“各种非党组织中保证实现党的领导”③ 的党组设置，其当然属于《制定条例》第 9 条第 1 款第 2 项的“党的各级各类组织”范畴，亦应列入中央党内法规制定事项范围。党章第 48 条、第 50 条具体明晰了在“非党组织的领导机关”和“实行集中统一领导的国家工作部门”分别设立党组与党组性质党委的这两

---

① 胡明：《用中国特色社会主义法治理论引领法治体系建设》，《中国法学》2018 年第 3 期。

② 张翔：《我国国家权力配置原则的功能主义解释》，《中外法学》2018 年第 2 期。

③ 陈玲、赵静、薛澜：《择优还是折衷？——转型期中国政策过程的一个解释框架和共识决策模型》，《管理世界》2010 年第 8 期。

种基本类型。基于此，2019 年《中国共产党党组工作条例》围绕党组的设立、职责、组织原则、工作方式、监督保障等事项予以了系统规定，并与前述三级党组织的组织结构事项保持大体一致。其中在第 17 条具体将“制定拟订法律法规规章和重要规范性文件中的重大事项”列为党组讨论和决定的事项范围。

有必要进一步明晰所涉组织结构事项的具体范围。事实上，党组的组织结构事项与三级党组织的组织结构事项在所涉治理范畴上略有不同。其不仅仅只涉及党的自身建设之党务工作的内部治理范畴，还从三级党组织职权任务所涉“党的重大问题”“本地区范围内的重大问题”“密切联系群众”表征之相对抽象的宏观国家治理、社会治理层面，进入到党组职权任务所涉“本单位的重大问题”“干部管理”等相对具体的落实党的领导之微观基层治理层面。此外，党组讨论和决定的事项要旨与表达程序之“党政关系规范化”① 命题，亦在该类静态组织结构事项中有所显现。应更多地将其置于“政治体制改革‘试点’模式”② 选择的视域中，立足于坚持和改善党的领导、提升党的执政能力之基本前提，尊重组织机构建设和组织管理的客观规律，依循法治思维和法治方式来予以全面规范、有效规制。

---

① 参见朱光磊、周振超：《党政关系规范化研究》，《政治学研究》2004 年第 3 期；朱光磊、周振超：《“党政关系规范化”与党的执政能力建设》，《中国党政干部论坛》2005 年第 1 期；杨国鹏：《党政关系规范化：中国政治发展的范式选择》，《学习论坛》2005 年第 1 期；臧乃康：《地方党政关系规范化悖论与消解》，《政治与法律》2006 年第 4 期。

② 秦前红：《中国政治体制改革“试点”模式需解决好四大问题》，《中国法律评论》2017 年第 4 期。

## 三、动态运行机制事项范围

动态运行机制事项主要依循党章第 10 条所列明之党的民主集中制基本原则，围绕《制定条例》第 9 条第 1 款第 2 项所设定的“党的各级各类组织”关系事项而具体展开。党章第 2 章“党的组织制度”、第 10 章“党和共产主义青年团的关系”和 2016 年《关于新形势下党内政治生活的若干准则》的相关规定，则从各级各类组织的组织关系基本原则与组织活动要旨这两方面针对该类事项来予以厘清。

### （一）组织关系基本原则事项

该类事项往往强调应以维护党中央权威、贯彻民主集中制作为各级各类组织的组织关系基本原则，从而“依托科学有效和操作性强的机制路径，使得领导的‘原则’向‘现实’绩效转化”①。例如，党章第 10 条就民主集中制基本原则予以了六项列举②，2016 年《关于新形势

① 王浦劬、汤彬：《当代中国治理的党政结构与功能机制分析》，《中国社会科学》2019 年第 9 期。

② 《中国共产党章程》（2012 年修改）第 10 条规定：“党是根据自己的纲领和章程，按照民主集中制组织起来的统一整体。党的民主集中制的基本原则是：（一）党员个人服从党的组织，少数服从多数，下级组织服从上级组织，全党各个组织和全体党员服从党的全国代表大会和中央委员会。（二）党的各级领导机关，除它们派出的代表机关和在非党组织中的党组外，都由选举产生。（三）党的最高领导机关，是党的全国代表大会和它所产生的中央委员会。党的地方各级领导机关，是党的地方各级代表大会和它们所产生的委员会。党的各级委员会向同级的代表大会负责并报告工作。（四）党的上级组织要经常听取下级组织和党员群众的意见，及时解决他们提出的问题。党的下级组织既要向上级组织请示和报告工作，又要独立负责地解决自己职责范围内的问题。上下级组织之间要互通情报、互相支持和互相监督。党的各级组织要按规定实行党务公开，使党员对党内事务有更多的了解和参与。（五）党的各级委员会实行集体领导和个人分工负责相结合的制度。凡属重大问题都要按照集体领导、民主集中、个别酝酿、会议决定的原则，由党的委员会集体讨论，作出决定；委员会成员要根据集体的决定和分工，切实履行自己的职责。（六）党禁止任何形式的个人崇拜。要保证党的领导人的活动处于党和人民的监督之下，同时维护一切代表党和人民利益的领导人的威信。”

下党内政治生活的若干准则》则在“三、坚决维护党中央权威”中进一步凸显了作为“加强和规范党内政治生活重要目的”之维护党中央权威的具体要求①。基于此，则有必要依循下级服从上级的组织关系基本准则，来切实强化各级各类组织以及组织领导人、党员个人与组织之间的体系化集中统一领导关系，并从领导核心、决断权力配置、自觉服从、请示报告到自觉防范等方面予以了系统规定。此外，共产主义青年团作为党领导的先进青年的群团组织，可谓各级各类组织的“后备军”延伸。亦应围绕党章第 51 条、第 52 条的框架性规定，来分别明晰党的各级各类组织与共青团组织之间的领导与被领导原则，以及领导、联系活动的具体方式。

### （二）组织活动要旨事项

该类事项往往强调应以作为“执行民主集中制的有效工作机制”②的请示报告制度作为各级各类组织的组织活动要旨，并推动其在实践工作中“不断细化和完善，逐步实现常态化”③。例如，2016 年《关于新形势下党内政治生活的若干准则》在“三、坚决维护党中央权威”中就请示报告主体、事项及方式予以了原则性规定，2019 年《中国共产

---

① 2016 年《关于新形势下党内政治生活的若干准则》在“三、坚决维护党中央权威”中规定：“坚持党的领导，首先是坚持党中央的集中统一领导。”“涉及全党全国性的重大方针政策问题，只有党中央有权作出决定和解释。全党必须自觉服从党中央领导。”“全党必须严格执行重大问题请示报告制度。”“全党必须自觉防止和反对个人主义、分散主义、自由主义、本位主义。”

② 《中共中央印发〈中国共产党重大事项请示报告条例〉》，中华人民共和国中央人民政府网，2019 年 2 月 28 日，http://www.gov.cn/zhengce/2019-02/28/content_5369363.htm。

③ 田桥：《中国共产党党组制度的沿革、结构与功能》，《社会主义研究》2019 年第 6 期。

党重大事项请示报告条例》则从请示报告主体、事项、程序、方式、个体类型与监督追责等方面予以了系统规定。此外，在其他相关党内法规中亦有围绕其主体规制事务就请示报告制度予以附带性规定。例如，2016 年《中国共产党地方委员会工作条例》第 10 条、第 15 条和 2017 年《中国共产党工作机关条例（试行）》第 18 条、第 23 条分别就相关事务中的请示报告职责、事项和方式等问题予以了具体规定。总体而言，请示报告的结构要素与运行机理已初步实现制度化与规范化。基于此，则有必要在凸显问题导向前提下，进一步明确请示报告的事项清单、细化请示报告的程序环节，特别是在领导干部个人事项报告方面。此外，还应着重强化请示报告的执行绩效评估，并落实相关监督保障措施。

## 第二节　组织成员行为事项：干部人事规范的制定权限范围

执政党的党员干部作为所涉社会组织“有机整体的目的性结构功能要素”①，需满足“承认所属组织的组织目标并决心为其实现而奋斗”② 的基本要件，方能成为“承认和实践组织目标、宗旨、章程的相对固定的成员”③。干部人事规范即是从执政党这一组织体的成员资格

---

① 雷志柱：《知识网络组织构建与管理研究》，北京理工大学出版社 2012 年版，第 57 页。

② 吴铎：《简明社会学》，华东师范大学出版社 1986 年版，第 119 页。

③ 邱伟光主编：《公共关系学原理》，华东师范大学出版社 1994 年版，第 66 页。

自生性维护角度，围绕党员干部的吸收发展、资格认定、考核选拔、权利义务等方面命题，来设定执政党“发展党员标准、合格党员标准、好干部标准、党内法规质量标准、教育实践活动标准”[①] 所涉组织成员行为事项，进而尝试依循党章第1章“党员”和第6章“党的干部”之界分，将干部人事规范置于确保“增强党的创造力、凝聚力、战斗力”[②] 以实现组织肌体健康发展的具象化规范体系中，从党员规范与党的干部规范这两个方面，来具体阐明该类规范的制定权限事项表达要旨。

## 一、党员规范事项范围

党员规范事项主要围绕党章第1章相关规定所设定的“指引党员行为的行为标准”[③] 等事项而具体展开。《制定条例》第9条第1款第3项、第4项亦将相关基本制度设定列入中央党内法规制定事项范围，并从党员发展管理和党员义务权利这两方面来具体列明。

### （一）党员发展管理事项

该类事项作为“健全党员能进能出机制，优化党员队伍结构”[④] 的规范基础，主要涉及组织发展党员和党员日常教育管理这两个方面。例

---

① 赵付科：《习近平关于党的建设质量重要论述的理论特质》，《思想理论教育导刊》2019年第9期。

② 《中共中央印发〈关于加强党内法规制度建设的意见〉》，共产党员网，2017年6月25日，https://news.12371.cn/2017/06/25/ARTI1498388905892459.shtml。

③ 黄远志：《论党员行为规范与党风廉政建设》，《江汉论坛》2004年第10期。

④ 胡锦涛：《坚定不移沿着中国特色社会主义道路前进　为全面建成小康社会而奋斗》，《人民日报》2012年11月18日。

如，党章第1条、第2条和第5条、第6条、第7条分别设定了发展党员的资格条件与基本程序，党章第8条、第9条分别就党员日常教育管理的方式与罚则予以了原则性规定。2014年《中国共产党发展党员工作细则》和2019年《中国共产党党员教育管理工作条例》亦针对这两类事项予以了专门规定。基于此，首先应分别围绕入党积极分子、发展对象、预备党员的确定、培养、考察、接收、教育、转正等程序环节事项和相关工作的组织纪律事项，以及教育内容与任务、教育管理方式、党籍和组织关系管理、党员监督管理与相应保障措施事项来予以系统规定，进而尝试通过"党支部建设、党员教育管理基本规范"① 的体系化设定，来"增强党员教育管理针对性和有效性"②，并结合在农村、普通高校、党和国家机关、国有企业基层组织工作的不同特点，亦应分别予以具体化、差异化设定③。

## （二）党员义务权利事项

该类事项主要围绕党章第3条、第4条对党员义务与权利的列举式规定而具体展开，并在事项设定上形成了党员义务权利大体一致的均衡结构。但囿于党章历史变迁进程中皆将党员义务置于党员权利之前来予以规定，则在一定程度上确立了"履行义务为最终目的和价值追求，

① 宋功德：《坚持依规治党》，《中国法学》2018年第2期。

② 习近平：《决胜全面建成小康社会　夺取新时代中国特色社会主义伟大胜利》，《人民日报》2017年10月28日。

③ 例如，《中国共产党农村基层组织工作条例》（1999年制定，2018年修改）、《中国共产党普通高等学校基层组织工作条例》（1996年制定，2010年、2021年修改）、《中国共产党党和国家机关基层组织工作条例》（1998年制定，2010年、2019年修改）、2019年《中国共产党国有企业基层组织工作条例（试行）》。

享有权利仅是更好履行义务的手段、方法”[①] 之党员义务本位观。基于此，初步确立了以“党章规定义务为基本义务、一般党内法规规定义务为一般义务”[②]，且在相关准则[③]、条例[④]、规则[⑤]、规定[⑥]、办法[⑦]、细则[⑧]中皆有所规定的党员义务规范体系。伴随 1994 年《中国共产党党员权利保障条例（试行）》和 2004 年《中国共产党党员权利保障条例》的先后出台，特别是在前者的第 5 条和后者的第 4 条中皆明确规定了“坚持权利与义务相统一”的原则，而使得“党内法规由义务性规范向义务与权利平衡性规范转变”[⑨] 的态势亦有所显现。虽然 2004 年《中国共产党党员权利保障条例》从权利事项、保障措施与责任追究这三个方面，就充分发挥党员积极性、主动性、创造性前提下的党员权利保障予以了系统规定，但党员权利的种类与范围仍略显偏狭，往往更多地局限于诉愿表达与申诉救济等派生性权利。特别是在确保党员主体地

---

① 郭兴利：《党员义务本位论：党员义务与权利关系的文本解读》，《南昌大学学报（人文社会科学版）》2006 年第 1 期。

② 伍华军：《论党内法规的基本范畴》，《法学杂志》2018 年第 2 期。

③ 例如，2015 年《中国共产党廉洁自律准则》。

④ 例如，2013 年《党政机关厉行节约反对浪费条例》、2015 年《中国共产党统一战线工作条例（试行）》、2016 年《中国共产党党内监督条例》、《中国共产党纪律处分条例》（2003 年制定，2015 年、2018 年修改）、《中国共产党问责条例》（2016 年制定，2019 年修改）等。

⑤ 例如，2005 年《浙江省村级组织工作规则（试行）》。

⑥ 例如，2008 年《中共中央组织部关于中国共产党党费收缴、使用和管理的规定》；2016 年《中共广东省委办公厅、广东省人民政府办公厅关于进一步规范广东省领导干部配偶、子女及其配偶经商办企业行为的规定（试行）》；2018 年《中共北京市体育局党组关于禁止公务活动和工作时间饮酒的规定》等。

⑦ 例如，2019 年《公务员平时考核办法（试行）》。

⑧ 例如，1994 年《中国共产党纪律检查机关案件检查工作条例实施细则》。

⑨ 曾钰诚：《新时代党内法规建设：目标、问题与路径》，《中州学刊》2019 年第 11 期。

位的实质性“知情权、选举权、参与权、监督权”[①] 等方面之原发性权利设定较为单薄，且缺失必要的程序性保障措施设定，因此有必要进一步健全完善“党员权利的制度性保障”[②] 机制。

## 二、党的干部规范事项范围

党的干部规范事项主要围绕党章第 6 章相关规定所设定的干部教育、培训、选拔、考核和监督等事项而具体展开。该类事项作为党的建设的一类基本任务，所涉基本制度设定亦被《制定条例》第 9 条第 1 款第 4 项列入中央党内法规制定事项范围，并置于大体形成的教育培训[③]、选拔任用[④]、监督考核[⑤]这三类规范体系中来予以厘清。

---

① 肖金明：《论通过党内法治推进党内治理——兼论党内法治与国家治理现代化的逻辑关联》，《山东大学学报（哲学社会科学版）》2014 年第 5 期。

② 周叶中：《关于中国共产党党内法规建设的思考》，《法学论坛》2011 年第 4 期。

③ 例如，2011 年《中共中央组织部关于加强和改进基层干部教育培训工作的意见》、2013 年《中共中央组织部关于在干部教育培训中进一步加强学员管理的规定》、2015 年《干部教育培训工作条例》。

④ 例如，2004 年《党的地方委员会全体会议对下一级党委、政府领导班子正职拟任人选和推荐人选表决办法》、2010 年《党政领导干部选拔任用工作有关事项报告办法（试行）》、2010 年《市县党委书记履行干部选拔任用工作职责离任检查办法（试行）》、2010 年《地方党委常委会向全委会报告干部选拔任用工作并接受民主评议办法（试行）》、2014 年《中共中央组织部关于加强干部选拔任用工作监督的意见》、《党政领导干部选拔任用工作条例》（2002 年制定，2014 年、2019 年修改）、2019 年《干部选拔任用工作监督检查和责任追究办法》。

⑤ 例如，1979 年《中共中央组织部关于实行干部考核制度的意见》、2005 年《中央纪委、中央组织部关于党员领导干部述职述廉的暂行规定》、2009 年《中共中央办公厅关于建立促进科学发展的党政领导班子和领导干部考核评价机制的意见》、2019 年《党政领导干部考核工作条例》。

## （一）党的干部教育培训事项

该类事项作为党章第35条规定之“革命化、年轻化、知识化、专业化”干部队伍建设目标的具体表达，旨在“提高各级干部的思想政治素质、科学文化素质、工作本领”①。其主要涉及干部教育培训整体制度安排和干部教育培训具体机构建设这两个方面。例如，2015年《干部教育培训工作条例》基于第2条规定之“建设高素质干部队伍的先导性、基础性、战略性工程”定位，并从第1条规定的“推进干部教育培训工作科学化、制度化、规范化”目标出发，对第5条规定的“分级管理体制”予以了全面细化。2018年印发的《2018—2022年全国干部教育培训规划》和2019年《中国共产党党校（行政学院）工作条例》针对这两个方面事项也予以了专门规定。基于此，应围绕对象、内容、方式方法、机构设置、师资、课程、教材、经费、考核与评估等教育培训具体事项来予以系统规定。党校（行政学院）作为干部教育培训“主渠道、主阵地”，亦应针对其管理体制、运营事项、工作规程和保障监督等事项予以凸显可操作性的细化规定，从而为干部教育培训具体机构建设确立统一标准和参照依据。此外，针对干部教育培训工作的指导思想、主要目标、重要指标与关键事项，还有必要从培训内容体系、培训组织架构体系、培训保障制度体系等方面，来明晰具体的发展完善方向与量化指标要求。特别是应加强基层干部教育培训力度，以有效遏制“干部教育培训工作自上而下递减”② 现象的发生，将《中国共

① 朱光磊：《全面深化改革进程中的中国新治理观》，《中国社会科学》2017年第4期。

② 王同昌：《基层党组织组织力提升面临的挑战及路径选择》，《中州学刊》2018年第8期。

产党农村基层组织工作条例》（1999 年制定，2018 年修改）第 23 条所明确的“县级党委每年至少对村党组织书记培训 1 次”等类似规定落到实处。并在“以理论教育和党性教育统领干部教育培训内容”[①] 的宗旨目标引领下，推动干部教育培训工作从任务型、规模化向实效型、专业化转变。

### （二）党的干部选拔任用事项

该类事项主要依循作为“党的组织领导的重要体现”[②] 之“坚持党管干部”这一根本原则的指引，围绕党章第 35 条确立的“德才兼备、以德为先”之选拔原则而具体展开。例如，《党政领导干部选拔任用工作条例》（2002 年制定，2014 年、2019 年修改）和 2019 年《干部选拔任用工作监督检查和责任追究办法》针对该类事项予以了专门规定。基于此，应围绕选拔任用条件、程序以及交流、回避、职务变动与纪律监督等具体事项来予以系统而全面的规定。特别是针对选任制、委任制和聘任制这三种任用类型，除了就聘任制的专业性适用要求予以较为明确的规定外，亦应清晰设定选任制与委任制的适用要求。事实上，选任制与委任制因其分别“体现以民意为主，体现遵从上级组织和领导人的意旨”[③] 之不同导向，易在实践中诱发一定的模糊适用情形。往往为了维护上级权威使得“委任制成为当前领导干部选拔任用的现实选

---

① 习近平干部教育培训思想研究课题组：《习近平干部教育培训思想对党的干部教育培训理论的继承和创新》，《求实》2015 年第 7 期。

② 朱景文：《论法治评估的类型化》，《中国社会科学》2015 年第 7 期。

③ 罗中枢：《党政领导干部的分类选用、考核和管理探析》，《四川大学学报（哲学社会科学版）》2012 年第 1 期。

择”[①]，从而在一定程度上弱化了干部选拔任用过程中的民主、监督要素。有必要厘清这两种类型的不同适用对象、实施要件与操作程序，通过更为细致、清晰的可操作性规定，来推动党的干部选拔任用工作实现更进一步的科学化、制度化与规范化。此外，围绕选拔任用过程中的纪律监督事项，还应从五类监督检查重点内容事项和上下、内外、联动监督检查工作机制，以及全过程报告、评议、检查、核查、追责制度等方面来予以实施性规定。总体而言，所涉党委（党组）领导班子、组织（人事）部门的“自己监督自己”[②]式“自体监督”[③]机制已颇为完备，未来应进一步凸显来自纪检监察等党内外其他部门和人民群众的“异体监督”[④]效应与相应制度完善。

### （三）党的干部考核监督事项

该类事项旨在有效“贯彻执政党的执政意图和主张”[⑤]，并切实践行“保持党的纯洁性，关键在党的各级领导干部”[⑥]之重要论断。其主要围绕党章第 36 条设定的六项基本条件，从干部考核评价体系和干部监督机制这两个方面具体展开。例如，1979 年《中共中央组织部关于实行干部考核制度的意见》在创立干部考核制度的同时，初步设定了“德、能、勤、绩”这四个方面的考核标准与内容。1998 年《党政领导

---

① 程波辉、彭向刚：《委任制：当代中国领导干部选拔任用的现实选择》，《公共管理与政策评论》2015 年第 2 期。

② 林学启：《完善反腐倡廉法规制度体系建设研究》，《理论探讨》2011 年第 1 期。

③ 尹彦：《列宁对自体监督机制的设计》，《中共福建省委党校学报》2003 年第 12 期。

④ 邓伟志：《充分发挥异体监督的作用》，《探索与争鸣》2014 年第 11 期。

⑤ 石泰峰、张恒山：《论中国共产党依法执政》，《中国社会科学》2003 年第 1 期。

⑥ 习近平：《扎实做好保持党的纯洁性各项工作》，《求是》2012 年第 6 期。

干部考核工作暂行规定》（已失效）首次从考核的方式、内容、程序、结果，以及考核机关、考核纪律与监督等方面，就干部考核事项予以了系统、全面规定。2009 年中共中央办公厅《关于建立促进科学发展的党政领导班子和领导干部考核评价机制的意见》进一步明晰了促进科学发展的干部考核评价机制的指导思想、基本原则、工作目标和重点任务等事项。2019 年《党政领导干部考核工作条例》和 2016 年《中国共产党党内监督条例》针对这两个方面事项也予以了专门规定。基于此，结合其他相关规范性文件①的实施性规定，党的干部考核评价体系虽已初具规模，但在“制度化、规范化、程序化”② 等方面仍有待进一步完善。有必要依循落实新时代党的建设总要求与组织路线的基本立场，围绕考核内容、考核方式、考核结果、组织实施和纪律监督等具体事项，来设定更为清晰、明确的新时代干部考核工作行为指引，并为实现“干部考核评价主体建构多元创新”③ 提供必要的规范依据。此外，还应从党的中央组织、党委（党组）、党的纪律检查委员会、党的基层组织和党员这五个层面党内监督体系的建立健全，以及党内监督与外部监督的衔接机制等方面，来明晰干部党内同体监督机制的主要内容，进而在党章第 36 条之“自觉地接受党和群众的批评和监督”的原则性规定引领下，通过“群众监督是最主要、最有效的干部监督”④ 的逐步确立

① 例如，2000 年中共中央组织部、中共中央宣传部《关于建立县级以上党政领导干部理论学习考核制度的若干意见》、2009 年《中央企业领导班子和领导人员综合考核评价办法（试行）》、2013 年中共中央组织部《关于改进地方党政领导班子和领导干部政绩考核工作的通知》等。

② 韩强：《对建立和完善党政领导干部考核评价指标体系的若干思考》，《政治学研究》2003 年第 4 期。

③ 胡洪彬：《习近平新时代干部考核评价观的创新》，《长白学刊》2019 年第 2 期。

④ 程波辉：《转型期中国政治认同重构的研究》，《求实》2008 年第 2 期。

和"信访制度是接受群众监督的重要政治制度"① 的有序凸显，来构建相对完备的干部党外异体监督机制。最终通过干部同体、异体监督机制的协同整合，来切实加强"干部协同监督机制的复合化、规范化、实效化建设"②。

## 第三节 组织风险控制行为事项：纪律检查规范的制定权限范围

执政党的组织风险作为一类典型的"社会理论范畴"③ 中"人自身制造的现代风险"④，往往伴随组织体中的"决策、行为与治理机制"⑤ 所致，而表征为"规则运转失灵所形成的制度化风险"⑥。在执政党以"组织建设和组织网络渗透为主要形式的组织化调控"⑦ 过程中，控制、应对组织运转腐化、功能发挥失灵等各种风险考验，当置于"主权国家治国理政制度体系"⑧ 下，通过对执政党"执政机制要素的理论、制

---

① 舒晓琴：《开创新时代人民信访工作新局面》，《人民日报》2018 年 12 月 3 日。

② 赵谦：《执政不作为治理研究》，《法学杂志》2018 年第 12 期。

③ 孙佑海、李丹：《废旧电子电器立法研究》，中国法制出版社 2011 年版，第 121 页。

④ 李海平：《论风险社会中现代行政法的危机和转型》，《深圳大学学报（人文社会科学版）》2005 年第 1 期。

⑤ 参见杨雪冬：《风险社会理论述评》，《国家行政学院学报》2005 年第 1 期。

⑥ 吴汉东：《人工智能时代的制度安排与法律规制》，《法律科学（西北政法大学学报）》2017 年第 5 期。

⑦ 唐皇凤：《新中国 60 年国家治理体系的变迁及理性审视》，《经济社会体制比较》2009 年第 5 期。

⑧ 应松年：《加快法治建设促进国家治理体系和治理能力现代化》，《中国法学》2014 年第 6 期。

度、组织机构和人员”① 所涉监督执纪问责的规范化、从严推进，来积极“提高党的执政能力和领导水平”②。纪律检查规范即是从执政党这一组织体及其成员的任务、行为监控角度，围绕必须遵守的党的行为规则和相应的党内监督专责机关建设、运行等方面命题，从“制度保障、能力要件、信息条件和动力机制”③ 具体化的角度，来设定执政党纪律检查机关维护党纪活动所涉组织风险控制行为事项。进而置于成就“围绕‘四种形态’强化监督执纪问责”④ 的惩戒性规范体系中，尝试依循党章第 7 章“党的纪律”和第 8 章“党的纪律检查机关”之界分，从党的纪律规范和党的纪检机关规范这两个方面，来具体阐明该类规范的制定权限事项表达要旨。

## 一、党的纪律规范事项范围

党的纪律规范事项主要围绕党章第 7 章相关规定所设定的“政治、组织、廉洁、群众、工作、生活纪律之行为规则”⑤ 事项而具体展开。《制定条例》第 9 条第 1 款第 6 项亦将相关基本制度设定列入中央党内法规制定事项范围，并从纪律处分和问责处理这两方面来具体列明。

---

① 翟国强：《中国宪法实施的双轨制》，《法学研究》2014 年第 3 期。

② 姚建宗：《中国特色社会主义新时代法治建设的实践行动纲领——中国共产党十九大报告的法学解读》，《法制与社会发展》2017 年第 6 期。

③ 王希鹏：《纪委监督责任具体化的路径分析》，《中国监察》2014 年第 12 期。

④ 张居峰：《监督执纪“四种形态”的内涵解读与推进路径》，《广西社会科学》2017 年第 5 期。

⑤ 参见王伟国：《国家治理体系视角下党内法规研究的基础概念辨析》，《中国法学》2018 年第 2 期。

### （一）纪律处分事项

该类事项主要指向党章第40条所列明的六类纪律准据约束下可能的违纪行为与相应违纪后果，具体适用于各级组织和全体党员。例如，《纪律处分条例》依循党章相关规定，从违纪行为的认定、纪律处分的类型与运用规则、违法犯罪行为的纪律处分衔接等总体原则性事项，到违反六类纪律行为的处分适用等具体实施性事项，皆予以了较为全面的系统规定。基于此，针对违纪行为的属性界分事项，应围绕《纪律处分条例》第7条[①]列明之党规、国法、政策、道德、利益五类违反或危害的概括性规定，以及“依照规定应当给予”纪律处分的引致条款设定，来明晰严明纪律、依规从严治党的广延面向标准与执行效率标准。此外，针对相应违纪结果事项，则有必要围绕党章第41条[②]、《纪律处分条例》第8条[③]针对党员设定的五种纪律处分，党章第44条[④]、《纪律处分条例》第9条[⑤]针对党组织设定的两类纪律处分，以

---

① 《中国共产党纪律处分条例》（2003年制定，2015年、2018年修改）第7条规定：“党组织和党员违反党章和其他党内法规，违反国家法律法规，违反党和国家政策，违反社会主义道德，危害党、国家和人民利益的行为，依照规定应当给予纪律处理或者处分的，都必须受到追究。”

② 《中国共产党章程》（2022年修改）第41条规定：“对党员的纪律处分有五种：警告、严重警告、撤销党内职务、留党察看、开除党籍。”

③ 《中国共产党纪律处分条例》（2003年制定，2015年、2018年修改）第8条规定：“对党员的纪律处分种类：（一）警告；（二）严重警告；（三）撤销党内职务；（四）留党察看；（五）开除党籍。”

④ 《中国共产党章程》（2022年修改）第44条规定：“对于严重违犯党的纪律、本身又不能纠正的党组织，上一级党的委员会在查明核实后，应根据情节严重的程度，作出进行改组或予以解散的决定，并报再上一级党的委员会审查批准，正式宣布执行。”

⑤ 《中国共产党纪律处分条例》（2003年制定，2015年、2018年修改）第9条规定：“对于违犯党的纪律的党组织，上级党组织应当责令其作出检查或者进行通报批评。对于严重违犯党的纪律、本身又不能纠正的党组织，上一级党的委员会在查明核实后，根据情节严重的程度，可以予以：（一）改组；（二）解散。”

及《纪律处分条例》第 2 章、第 3 章的相关规定，来具体明晰各类纪律处分的结构要素、影响结果与从轻或减轻、从重或加重之运用规则。

## （二）问责处理事项

该类事项主要指向党章第 44 条、第 46 条设定的“问责”要求，具体从问责对象、问责情形、问责方式等方面将“失责必问、问责必严”① 落到实处。例如，《问责条例》依循党章相关规定，从问责原则、问责对象、问责情形、问责方式、问责程序、问责救济等方面，皆予以了较为全面的实施性规定。其中《问责条例》第 5 条将“党组织、党的领导干部”皆列为问责对象；第 7 条将领导弱化、政治建设、思想建设、组织建设、作风建设、纪律建设、廉政建设、主体责任、监督责任、利益作为等方面的失职失责情形列为问责情形；第 8 条则针对组织问责设定了检查、通报、改组这三种问责方式，针对个人问责设定了通报、诫勉、组织调整或者组织处理、纪律处分这四种问责方式。基于此，该类列举式规定通过较为广延的事项范围设定，大体确立了组织问责与个人问责相结合的二元问责处理机制，以凸显“硬性约束措施下问责方式的严厉性”②。但相关规定并没有结合两类问责对象作类型化区分，上述情形中哪些是组织集体行为，哪些是组织个人行为？应以不同事项范围来界分，还是以行为方式或结果影响程度来界分？此外，在情形设定方面，多为“不强、不力、不实、不到位、不严、造成严重

① 杨巨帅：《失责必问　问责必严》，《中国纪检监察》2016 年第 14 期。

② 王立峰、吕永祥：《党内问责机制：推进全面从严治党的有效路径》，《探索》2017 年第 1 期。

后果或者恶劣影响”等模糊弹性表述。皆有必要充实凸显可操作性的量化精确表述。特别是在个人问责的纪律处分方面，与前述纪律处分事项亦形成了必要的条款引致关系。在干部选拔任用这类特殊事项的个人问责方面，则应基于四种问责方式来设定更为具体的“情节较轻、较重、严重”① 之三级进阶型问责细则。

## 二、党的纪检机关规范事项范围

党的纪检机关规范事项主要围绕党章第 8 章相关规定所设定的纪检机关“规范内部监督职能行使、规范办案裁量权范围界定、明晰具体办案程序依据”② 事项而具体展开。《制定条例》第 9 条第 1 款第 2 项、第 6 项亦将相关基本制度设定列入中央党内法规制定事项范围，并从强化组织机能与规范执纪监督这两方面来予以厘清。

### （一）强化组织机能事项

该类事项旨在明晰党的纪检机关在“强化合力，规范执纪监督”③ 定位下的功能目标。“监督、执纪、问责”是该类机关的职责所在，但

① 参见 2019 年《干部选拔任用工作监督检查和责任追究办法》第 40 条第 1 款规定：“领导干部和有关责任人员有本办法所列应当追究责任的情形，情节较轻的，给予批评教育、责令作出书面检查、通报或者诫勉处理；情节较重的，给予停职检查、调离岗位、限制提拔使用处理；情节严重的，应当引咎辞职或者给予责令辞职、免职、降职处理。”

② 参见王立峰、潘博：《浅析中共纪检监察机关的内部监督机制》，《长白学刊》2015 年第 6 期。

③ 姚巧华、黄汉恩：《政治生态治理的制度视野》，《中共郑州市委党校学报》2015 年第 5 期。

非终极目的。例如，党章第 46 条的“推进全面从严治党、加强党风建设”之任务设定，2019 年《中国共产党纪律检查机关监督执纪工作规则》第 1 条的“加强党的纪律建设，推进全面从严治党”之监督执纪目标设定。基于此，应在所涉任务的引领下，以相关目标为导向，从组织机能“规范形式、范围界定、程序依据”[①] 建设方面，来切实提高党的执政能力和领导水平。

## （二）规范执纪监督事项

该类事项旨在基于《纪律处分条例》和《问责条例》等规范性文件的引领，就党的纪检机关履行“监督、执纪、问责”这三类职责的权限范围和权力行使程序予以规范化设定。应强调通过检举控告[②]、案件处理[③]、特殊身份党员处分[④]等程序性规范设定，来切实推动《制定条例》第 10 条所规定“职权范围内有关事项”的标准化、规程化与可操作化。此外，在全面从严治党、国家监察体制改革的大背景下，亦需通过规范执纪监督来厘清“党纪监督与国法监察之间的基本关系”[⑤]，特别是注意防范以

---

① 王立峰、潘博：《浅析中共纪检监察机关的内部监督机制》，《长白学刊》2015 年第 6 期。

② 例如，1993 年《中国共产党纪律检查机关控告申诉工作条例》、1996 年中央纪委、监察部《关于保护检举、控告人的规定》。

③ 例如，1987 年《党的纪律检查机关案件审理工作条例》、1991 年《中共中央纪律检查委员会关于审理党员违纪案件工作程序的规定》、1994 年《中国共产党纪律检查机关案件检查工作条例》、1994 年《中国共产党纪律检查机关案件检查工作条例实施细则》。

④ 例如，1996 年中共中央纪律检查委员会《关于党政机关县（处）级以上党员领导干部违反廉洁自律规定购买、更换小汽车行为的党纪处理办法》、2014 年《党政主要领导干部和国有企业领导人员经济责任审计规定实施细则》等。

⑤ 刘艳红：《〈监察法〉与其他规范衔接的基本问题研究》，《法学论坛》2019 年第 1 期。

党纪适用替代国法适用的现象发生。例如，在扶贫领域违纪系列案例[①]中，涉案人员实施的利用职务便利侵占低保金、违规申报冒领补助金、截留挪用补助金等行为，在违反党纪的同时，亦往往会触犯行政法律责任甚至是刑事法律责任。有必要厘清在具体责任追究过程中的适用标准与衔接机制，以明晰党纪与国法在不同规则体系下的功能定位与关系设定。

## 小　结

伴随组织、领导、自身建设、监督保障之党内法规制度体系基本架构的初步确立，将所涉权力的事项范围与行为程度作为核心范畴之党内法规制定权限命题的规范概念，在功能化面向的特有属性亦被逐渐填充。但因各个板块在相应制定权限事项范围上存在的规制对象交集，使得其基于不同事务职能定位应凸显的功能适当化要义却较为模糊。有必要根据相关规范设定在组织型社会系统中的不同功能定位来重新架构党内法规制度体系，进而从政党组织行为维度来界分体系架构、干部人事和纪律检查这三类党内法规规范的制定权限范围。体系架构规范所设定

① 例如，《四川通报 7 起扶贫领域违纪问题典型案例》，中央纪委国家监委网站，2018 年 3 月 31 日，https://www.ccdi.gov.cn/jdjbnew/fbhbzzf/202203/t20220329_182744.html；《广东通报 4 起扶贫领域违纪典型问题》，中央纪委国家监委网站，2018 年 3 月 27 日，https://www.ccdi.gov.cn/jdjbnew/fbhbzzf/202203/t20220329_182748.html；《西藏自治区纪委通报 3 起扶贫领域违纪典型问题》，中央纪委国家监委网站，2017 年 9 月 6 日，https://www.ccdi.gov.cn/jdjbnew/fbhbzzf/202203/t20220329_182474.html；《黑龙江通报 5 起扶贫领域违纪问题典型案例》，中央纪委国家监委网站，2017 年 8 月 22 日，https://www.ccdi.gov.cn/jdjbnew/fbhbzzf/202203/t20220329_182514.html；《浙江省纪委通报 6 起扶贫领域违纪问题》，中央纪委国家监委网站，2017 年 8 月 11 日，https://www.ccdi.gov.cn/jdjbnew/fbhbzzf/202203/t20220329_182507.html。

的组织系统行为事项，既应凸显执政党的组织规程和办事规则之引领性组织章程事项，又应列明三级党组织和党组的静态组织结构事项，还应厘清各级各类组织的组织关系基本原则与组织活动要旨之动态运行机制事项，以成就执政党这一组织体的系统功能建构。干部人事规范所设定的组织成员行为事项，既应列明党员发展管理和党员义务权利的党员规范事项，还应厘清教育培训、选拔任用与监督考核之党的干部规范事项，以成就执政党这一组织体的成员资格自生性维护。纪律检查规范所设定的组织风险控制行为事项，既应列明纪律处分和问责处理之党的纪律规范事项，还应厘清强化组织机能与规范执纪监督之党的纪检机关规范事项，以成就执政党这一组织体及其成员的任务、行为监控。基于此，尝试阐明制定不同功能类型党内法规的权限事项表达要旨，有助于描述相应党内法规规范在所涉组织行为面向的特有属性，并为其后续分析性研究奠定基础。

# 第四章　功能目标与体系架构：党内法规制定权限的自我规制论

设置执政党不同层级组织制定不同类型党内法规规范的权力边界，本身即是执政党作为一类积极行使公共权力的政治性组织集合体，通过自主行为来“自发地约束其所实施的活动，使其职权在合法合理范围内运行”[①] 的一种规制活动。不妨立足于党内法规的狭义规范定义，并将党内规范性文件列入延伸性研究范围，来尝试在积极提升该类规范性文件的质量与效能过程中，推动实现该类规制活动在“组织系统统一体”[②] 维度的建制化运行。

所涉“对象、规制者、命令和结果之四重必要特征”[③] 在该类规制活动中亦被清晰显明。规制对象即是党内法规的四类制定主体和以七类规范体例来命名的规范性文件；规制者即是依循党章和《制

① 于立深：《多元行政任务下的行政机关自我规制》，《当代法学》2014 年第 1 期。

② 参见［德］尼克拉斯·卢曼：《风险社会学》，孙一洲译，广西人民出版社 2020 年版，第 270 页。

③ ［英］罗伯特·鲍德温、［英］马丁·凯夫、［英］马丁·洛奇：《牛津规制手册》，宋华琳、李鸻、安永康、卢超译，上海三联书店 2017 年版，第 165 页。

定条例》等相关规范性文件，来指引制定党内法规规范相应组织行为的执政党本身；命令即是相关规范性文件所设定的制定党内法规规范的标准、手段与目标；结果即是对所制定党内法规规范质量的积极或消极评判。其中的制定主体规制对象涵摄了执政党的核心层级组织，堪为执政党的组织载体表征；规范性文件规制对象则涵摄了彰显执政党性质、指导思想、奋斗目标、路线、纲领、宗旨的主要规章制度，堪为执政党的意志载体表征。故该类规制活动充分凸显了规制者与规制对象的相互联结特性，得以区别于其他规制进路而成就为一种由规制对象来管理或制约自身的自我规制。最终基于特定规制目标，在规制者实施命令的行为过程中，尝试建构一种有机、有序的网状交往结构。

在设置党内法规制定权限这一自我规制活动中，应根据党章总纲所宣示的中国共产党“是中国特色社会主义事业的领导核心”以及 2018 年宪法修正案第 36 条之“中国共产党领导是中国特色社会主义最本质的特征”的最高位阶根本法固化来设定其规制目标。即依循《制定条例》第 2 条之“坚持和加强党的全面领导”的宗旨表达，基于在“自我净化、自我完善、自我革新、自我提高”[①] 过程中实现有序同心圆式依宪执政的现实考量，来科学构建党内法规的自律性规范体系。面对他律性规则运转失灵所形成的可能内化式制度风险，该类自我规制活动即是执政党战胜“各种风险挑战、增强驾驭风险本领、提高应对风险能力”的重要制度化、规范化、程序化活动过程。

---

① 习近平：《决胜全面建成小康社会　夺取新时代中国特色社会主义伟大胜利》，《人民日报》2017 年 10 月 28 日。

组织集合体通常“具有一定的连续性，它存在于环境之中，从事的活动往往与多个目标相关；活动对组织成员、组织本身及社会产生结果”①。其内生性组织结构往往表征为“目标与价值、社会心理、技术、结构和管理”② 等子系统要素。探究组织结构面向的自我规制策略旨在彰显“规制者在风险规制中的适当作用和正当性”③，进而厘清通过社会力量自我约束来减轻政府管理压力的可行方法进路。有必要立足于理性认知、科学管理风险的社会环境，结合“开放性控制的理念模式和衡平化自律的素质结构要求”④，从民主化功能目标和科学化体系架构这两个方面，来明晰相应的资源整合建制化行为指引。基于此，在前述设置党内法规制定权限的规制目标引领下，本章研究是结合自我规制理论，在党的政治领导规范与组织领导规范场域中的建构与检视表达。旨在运用组织结构面向的自我规制策略，来完成党的政治领导规范与组织领导规范的规范属性识别，进而阐明这两类规范制定权限事项的表达要旨。最终推动落实党章总纲规定的“以改革创新精神全面推进党的建设”之六项基本要求，充分彰显坚持党的集中统一领导的国家治理优势。

---

① ［美］理查德·H. 霍尔：《组织：结构、过程及结果》（第8版），张友星、刘五一、沈勇译，上海财经大学出版社2003年版，第35页。

② ［美］弗莱蒙特·E. 卡斯特、［美］詹姆斯·E. 罗森茨韦克：《组织与管理：系统方法与权变方法》，傅严等译，中国社会科学出版社2000年版，第19页。

③ ［英］罗伯特·鲍德温、［英］马丁·凯夫、［英］马丁·洛奇：《牛津规制手册》，宋华琳、李鸻、安永康、卢超译，上海三联书店2017年版，第381页。

④ 赵谦：《公私合作监管的原理与策略——以土地复垦为例》，《当代法学》2021年第2期。

## 第一节　民主化自我规制事项：政治领导规范的制定权限范围

探究政治领导规范的制定权限范围即是从作为规制者的执政党“设定宽泛的规则或者原则指导”[①] 的功能目标角度，主要围绕《制定条例》第5条第2款、第9条第1款第1项规定之“党的性质和宗旨、路线和纲领、奋斗目标”等方面命题，基于民主化功能目标导向下自我规制策略的指引来设定相应规范事项。其旨在巩固执政党在政治方向、路线、原则和方针政策上的领导。应通过执政党在政治建设目标、方向上的革新性规范表达，来指引“提高党把方向、谋大局、定政策、促改革的能力”[②]，最终外化至执政党领导下的国家治理政治共同体来予以检视。该类共同体作为一类“相互承认法权框架下包容他者的治理共同体”[③]，更多地凸显其置于协商民主下依宪执政活动中的关系存续与系统调整属性，以推动提升执政党引领确立之中国特色社会主义制度下依宪执政体制机制的治理水平。可尝试从内部民主化维度的共同体价值认同规范和外部民主化维度的共同体价值创新规范这两个方面，来具体阐明所涉政治领导规范的制定权限事项表达要旨，进而在功能目标的自我规制维度来确证、固化人民主权与执政党领导的辩证统一。

---

① 高秦伟：《社会自我规制与行政法的任务》，《中国法学》2015年第5期。

② 《中共中央关于坚持和完善中国特色社会主义制度　推进国家治理体系和治理能力现代化若干重大问题的决定》，《人民日报》2019年11月6日。

③ 孔繁斌：《多中心治理诠释——基于承认政治的视角》，《南京大学学报（哲学·人文科学·社会科学版）》2007年第6期。

## 一、民主化功能目标导向下的自我规制策略

民主化功能目标导向下的规制面向旨在凸显“让利害关系人或者更广泛公众的直接参与来影响行政决策”①，推动“民主判断应当在对事实的最好的理解的基础上作出”②，强调依托公众参与来外源式促进相关领域的不同权力资源整合与协同干预。可尝试从内部民主化和外部民主化这两个方面，来明晰彰显规则开放性、过程透明性和程序协商性的类型化自我规制策略。

### （一）内部民主化导向下的自我规制策略

该类策略往往基于实现理性风险评估与决断的程序正当性要求，通过必要的组织平台建制，推动不同主体围绕所涉价值、规范与事实层面的利益差异来展开协商，以期吸纳多元利益诉求而达成一致性决断。立足于纵向与横向分权相结合的所涉组织平台在构造方面应强调“要求规制机关与规制机关的组成人员都具有中立性，与被规制者之间没有利害关系”③。有必要在该类组织平台设置实现评估与决策适度分离、相对客观透明的独立评估部门，从科学性、系统性与社会性等方面来对其可能面对的各类风险展开客观理性分析与量化测评。

---

① 沈岿：《风险规制与行政法新发展》，法律出版社 2013 年版，第 307 页。

② ［美］凯斯·R. 孙斯坦：《风险与理性——安全、法律及环境》，师帅译，中国政法大学出版社 2005 年版，第 135 页。

③ 王贵松：《风险行政的组织法构造》，《法商研究》2016 年第 6 期。

## （二）外部民主化导向下的自我规制策略

该类策略往往基于风险的普适性、主观性和信息不对称性，来设定最广延的普遍联系对象与个体化、组织化的定向联系对象，以确立差异化的规制形式与方法。首先，应基于风险的普适性来设定最广延的普遍联系对象。伴随现代性自反与风险社会的出现，推动不同个体皆能直接参与政治生活的亚政治形态渐趋广延地崛起。差异化个体通常在自我选择与担责过程中，结成有序的行动组织体来积极参与政治生活，从而推动着亚政治逐渐成为一种与主流政治共生乃至抗争的社会事实，并在各种去中心化的参与式、协商式、替代型、独立型与第三方监督型的政治活动中得以彰显。在相应权力、权利互通互联式交往、融贯过程中的普适性风险亦相伴而生，有必要基于此来设定最广延的普遍联系对象。且因不同个体在公民或市民维度的权利诉求和利益保障表达往往存在不小的差异，则可尝试通过“扩大亚政治的影响机会并从法律上予以保障”① 来实现歧见的有效弥合。不妨在强调推动公众参与、促进公众角色转换的前提下，立足于“以公众‘充权’和程序保障为核心的内部机理之完善”②，来推动确立公开化、透明化、包容型与协商型的决策理路。

其次，应基于风险的主观性来设定个体化的定向联系对象。风险的主观性与风险社会中不同角色的价值取向、利益需求密切相关。现代公共决策作为一类“目标群体多样化、边界模糊的多元利益主体相互博

---

① ［德］乌尔里希·贝克：《风险社会：新的现代性之路》，张文杰、何博闻译，译林出版社 2018 年版，第 301 页。

② 王锡锌：《当代行政的“民主赤字”及其克服》，《法商研究》2009 年第 1 期。

弈过程”①，相应决策的科学性与可执行性往往取决于所涉利益相关者的认知水平与接受程度。各类能够影响决策目标实现或受其影响的组织、个人皆为利益相关者，具体包括相关政府职能部门、公权力组织、第三方媒体与专业机构、相应的私主体与私权组织。该类利益相关者作为个体定向联系对象即是对最广延普遍联系对象的范围限定，并根据其影响或受影响的不同方式，依循差异化的制度载体来实现有效参与。围绕所涉利益的不同关联程度，可将相应的个体定向联系对象界分为直接利益相关者与间接利益相关者。基于此，有必要围绕不同类型的利益相关者，依循“界定相关者—明确相关主体信息需要—相关者排序—差异化信息沟通”② 的环节规程，尝试通过不同主体间的对抗式辩论、开放式沟通、合意式酝酿等方法来促进所涉具体领域协商决策的科学化与民主化，进而针对各类决策的不同合法性、合理性、可行性、可控性以及风险评估事项，来设定差异化的规制进路。

最后，应基于风险的信息不对称性来设定组织化的定向联系对象。风险的信息不对称性往往表征为风险参与各方持有信息的非均衡结构，即所涉规制领域信息未必为相应的规制机构完全控制，往往是该领域中的核心当事人才掌握最全面的信息。特别是相关企业或行业组织“作为市场中的逐利者和竞争者还会采取一种集体沉默的策略”③，加之顾虑于负面信息公开本身可能会对其美誉度、声誉造成不必要的损害，皆

---

① 张玉磊、贾振芬：《基于利益相关者理论的重大决策社会稳定风险评估多元主体模式研究》，《北京交通大学学报（社会科学版）》2017 年第 3 期。

② 徐浩、王伟：《环境冲突风险治理中的风险沟通：影响因素与关键命题》，《云南行政学院学报》2015 年第 4 期。

③ 戚建刚：《向权力说真相：食品安全风险规制中的信息工具之运用》，《江淮论坛》2011 年第 5 期。

使得相应规制机构所期盼的举报、揭发相关风险信息往往停留在想象层面。该类利益共谋规则所造就的信息鸿沟进一步强化了风险信息的不对称性。进入相关决策领域的专家虽然有助于提升决策的理性水平，并在一定程度上推进各方持有信息的结构平衡，但因专家组织的价值中立性通常会受到主导决策进程的公权力掣肘，而使得相应的技术中立性风险评估往往受制于所涉公权力主体的价值判断与利益诉求。基于此，有必要围绕独立第三方评估来设定组织化的定向联系对象。该类第三方主体往往与公权力主体不发生常态化事务连接，仅在有需要时“通过一种相对平等的方式为政府提供专业性和技术性的政策建议”①。在组织化的定向联系过程中，应基于其作为亚政治行动组织体的灵活角色认知与功能定位，而凸显相应机构与人员资质认定要件的规范性、费用标准的统一性、监管事项的独立性与对抗性。

## 二、内部民主化导向下共同体价值认同规范的事项范围

内部民主化导向下的自我规制策略凸显通过必要的组织平台建制，来推动不同主体展开协商以达成一致性决断。执政党领导下的国家治理政治共同体作为一种外化的组织平台建制，亦可在该类自我规制策略的指引下，强调“通过相互交往而在观念上对某一或某类价值的认可和共享”②，以尝试推进共同体维度的协商、决断乃至价值认同。在共同体的相互交往生活中，作为政治领导者的执政党则需要通过价值层面必要的政治宣示与道德教化，来实现自身价值观念或结构调适过程中共同

① 江国华、梅扬：《论重大行政决策专家论证制度》，《当代法学》2017 年第 5 期。

② 汪信砚：《全球化中的价值认同与价值观冲突》，《哲学研究》2002 年第 11 期。

价值观念的确立。所涉共同体价值认同规范即作为一种预设权威创制规范设定，围绕执政党在功能目标层面的自我规制事项，具体指向实现价值层面宣示与教化的各类党内法规规范，以达致相应政治合法性基础的有机融合。

### （一）共同体的价值宣示规范事项

2018 年宪法修正案第 36 条对《宪法》第 1 条第 2 款的充实设定，进一步固化了作为最核心宪法指导思想具体表达的党章对宪法的价值引领作用，从而在党章与宪法之间形成了一种事实上的“价值引领型效力交错设置”①。所涉价值宣示规范事项有必要基于此，围绕“党的性质和宗旨、奋斗目标、路线和纲领”相关规定，在共同体的理想信念教育过程中，从原则指导与规则指导这两个方面来宣布明示对统摄性价值观念的认同与追求。

一方面，原则指导型价值宣示规范事项。该类事项更多地是从抽象性较强的制定依据、目的与准则方面，围绕“党的性质和宗旨、奋斗目标”相关规定，来实现执政党在功能目标层面的纵向自我规制。应依循党章总纲第 1 自然段的“性质”阐明、第 29 自然段的“全心全意为人民服务”的直观“宗旨”设定与第 32 自然段的“中国共产党的领导是中国特色社会主义最本质的特征”之总括式“宗旨”表达，以及第 9、10、11 自然段的“奋斗目标”阐明，来完成相应党内法规规范的价值宣示设定。该类规范事项更多地基于一种高层次道德要求，从坚定信念、践行宗旨的纵向构造角度，面向执政党党员和群团组织、民

① 赵谦、余月：《位阶与主体：党内法规制定权限的规范内涵论》，载周叶中主编：《党内法规理论研究》2021 年第 1 辑，法律出版社 2021 年版，第 141 页。

主党派等其他共同体成员，来凸显政治认同感的不同层次的倡导性行为指引，以期在该类共同体的共同社会治理生活中，实现归属感层面的坚持党的领导、人民当家作主、依法治国有机统一体制机制的巩固确立。其一，就执政党党员而言，应强调对所涉信念、宗旨的全面认同与遵从而身体力行，落实到现实行为的方方面面，以积极创建彰显执政党作用力与联结效应的先锋模范。其二，就群团组织而言，应强调对所涉信念、宗旨的认同与共识达成，有效发挥其组织力奠基作用，从而切实推动执政党在意识、行动等方面的包容性发展，以充分彰显其作为执政党联系群众的桥梁和纽带效应。其三，就民主党派而言，应强调对所涉信念、宗旨的拥护与转换性确认，从作为执政党的合作、协力对象角度出发，尝试推动执政党在结构、功能调整方面的适应性发展，以切实发挥其领域性、界别性协商共事作用。

另一方面，规则指导型价值宣示规范事项。该类事项更多地是从相对具体、可操作性更强的框架性、具体领域性制度践行方面，围绕“党的路线和纲领”相关规定，来实现执政党在功能目标层面的横向自我规制。应依循党章总纲第 12 自然段的“基本路线”和第 25 自然段的“总体纲领”表达，以及总纲第 13—24 自然段的“基本纲领”和第 26—31 自然段的党的建设“基本要求”阐明，来完成相应党内法规规范的价值宣示设定。该类规范事项更多地围绕执政党对外领导的大政方针，凸显在政策内容方面的具体化表达，从理论特色、实践要求的横向构造角度，对执政党党员和群团组织、民主党派等其他共同体成员实现良性统治维度的羁束性行为指引，以期在该类共同体的共同社会治理生活中，通过执政党路线和纲领的条文化、规则式阐明，来推动共同体价值目标在制度化、规范化和法律化保障维度的趋同一致。其一，就理论特色而言，应强调对所涉路线、纲领的实施性认同与遵守，围绕明确的理论主题与节点事项，彰显其继承性、创新性、人民性与科学性，从而切实推动其他共同体成员与执政党达成“伟大事业、奋斗目标、人民幸福、民族复兴、人类贡献”① 的新时代共识。其二，就实践要求而言，应强调对所涉路线、纲领的执行性认同与遵守，并围绕相应的时代条件、时代课题及其相伴而生的社会主要矛盾，来彰显其现实指导与问题针对效应，从而切实推动其他共同体成员与执政党达成“掌握精髓要义、推动实践转化”② 的路径方向共识。

### （二）共同体的价值教化规范事项

所涉价值教化规范事项有必要立足于前述价值宣示规范设定所宣布明示的共同体理想信念，以正确的政治立场和道德旨趣为导向，审慎选择能够“保持不同价值之间均衡与张力，具有适当宽容性”③ 的教育感化方式，进而通过“接受内化、实践强化和灌输引导机制”④ 的确立，来实现所涉共同体政治文化与共同体成员政治素质的目的性传承与发展。

一方面，执政党内部的价值教化规范事项。该类事项更多地是从作为政治组织的自律规范角度出发，依循党章所明晰的以共同理想和价值为基础的权责关系，围绕执政党在功能目标层面的纵向自我规制事项来

① 韩庆祥、陈曙光：《中国特色社会主义新时代的理论阐释》，《中国社会科学》2018年第1期。

② 王寿林：《习近平新时代中国特色社会主义思想的理论思考》，《中国特色社会主义研究》2017年第6期。

③ 孔德永：《政治认同的逻辑》，《山东大学学报（哲学社会科学版）》2007年第1期。

④ 冯留建：《社会主义核心价值观培育的路径探析》，《北京师范大学学报（社会科学版）》2013年第2期。

实现面向执政党党员干部的规则指导型价值教化。提升党的执政能力和领导水平所涉原则性自我规制，主要指向“坚持民主集中制、健全决策机制、改进党的领导方式和执政方式、完善担当作为的激励机制”①这四个方面。应基于此，针对党员和党的干部的不同层次要求，从纵向构造角度来具体推进该类价值教化。其一，就党员的价值教化而言，有必要凸显基准性、普适化的教化要求，具体结合2019年《中国共产党党员教育管理工作条例》在教化内容与任务、教化管理规程与教化保障措施等方面的系统规定，来明晰相应的党支部建设与党员教育管理的体系化、针对性设定。其二，就党的干部的价值教化而言，有必要依循《2018—2022年全国干部教育培训规划》在教化内容、教化组织架构、教化保障等方面的宏观方向性指引与量化指标要求，来凸显高标准、专业化的教化要求，进而结合2015年《干部教育培训工作条例》在对象、内容、方式方法、机构设置、师资、课程、教材、经费、考核与评估等教化实施事项上的全面规定，以具体明晰相应的“提高思想政治素质、科学文化素质、工作本领”②之实效型、专业化规范设定。

另一方面，执政党外部的价值教化规范事项。该类事项更多地是从“向社会传播占统治地位的阶级的政治取向和政治理想、政治信仰和政治价值观”③角度出发，通过作为政治领导者之执政党的价值观念外化与普遍性表达，围绕执政党在功能目标层面的横向自我规制事项来实现面向共同体其他成员的原则指导型价值教化。应从培育、践行作为执政

① 参见《中共中央关于坚持和完善中国特色社会主义制度　推进国家治理体系和治理能力现代化若干重大问题的决定》，《人民日报》2019年11月6日。

② 朱光磊：《全面深化改革进程中的中国新治理观》，《中国社会科学》2017年第4期。

③ 李元书：《政治社会化：涵义、特征、功能》，《政治学研究》1998年第2期。

党价值观念普适化主要载体的社会主义核心价值观的横向构造角度，来凝聚全党全社会的价值共识，以推进执政党主导的“三重同心圆式共识凝聚架构”[①] 达致现代性的政治生活映射。其一，就培育社会主义核心价值观而言，有必要依循2013年中共中央办公厅《关于培育和践行社会主义核心价值观的意见》所明晰的指导思想与四项原则，通过国民教育的教学途径和经济发展、社会治理的实践途径，充分运用四种宣传教育手段，在六类典型实践活动中实现有效涵养，从而强化各类共同体成员对所涉身份、能力的自我审视，并积极构建其在觉悟、奉献等方面的理念底线。其二，就践行社会主义核心价值观而言，在全面依法治国的大背景下，有必要积极“运用法律法规和公共政策向社会传导正确价值取向”[②]，从入法入规、强化价值导向、引领社会公正、弘扬法治精神等方面，来促进社会主义核心价值观与中国特色社会主义法治建设在组织化调控维度的科学融贯，以确保所涉价值观念兼具科学性与实践性，从而切实推动各类共同体成员实现信仰与修养的有机结合，并通过树立正向、积极的自我确信，来逐步内化并导向自发、自觉。

## 三、外部民主化导向下共同体价值创新规范的事项范围

外部民主化导向下的自我规制策略凸显基于风险的不同特性，从各类联系对象入手来设定差异化的形式与方法。执政党领导下的国家治理

① 赵谦：《共识凝聚：依宪执政领导条款的政治事项论》，《西南民族大学学报（人文社会科学版）》2021年第4期。

② 《中办国办印发〈关于进一步把社会主义核心价值观融入法治建设的指导意见〉》，《人民日报》2016年12月26日。

政治共同体作为一种强调革新性的联系对象包容架构，亦可在该类自我规制策略的指引下，在所确立共同价值观念的基础上，由作为政治领导者的执政党基于“强调对创新资源获取与重新配置的开放式创新范式”① 的引领，来实现其价值层面周期性、阶段性的差异化理念更新诠释。所涉共同体价值创新规范即作为一种预设权威变迁规范设定，围绕执政党在功能目标层面的自我规制事项，具体指向实现价值层面形式与方法创新的各类党内法规规范，以切实推动“防范风险、存量优化和增量增长相统一、凝聚社会合力”② 前提下的执政党自我革新。

### （一）共同体的形式价值创新规范事项

所涉形式价值创新规范事项旨在设定差异化的“决议”“报告”和“决定”等价值创新载体，从而为有效应对、化解各类执政风险提供必要的形式指引。近年来的“决议”类载体主要有 3 件，即 2012 年《中国共产党第十八次全国代表大会关于〈中国共产党章程（修正案）〉的决议》、2017 年《中国共产党第十九次全国代表大会关于〈中国共产党章程（修正案）〉的决议》、2022 年《中国共产党第二十次全国代表大会关于〈中国共产党章程（修正案）〉的决议》；“报告”类载体主要有 3 件，即 2012 年《坚定不移沿着中国特色社会主义道路前进　为全面建成小康社会而奋斗——在中国共产党第十八次全国代表大会上的报告》、2017 年《决胜全面建成小康社会　夺取新时代中国特色社会主义

① 王雎、曾涛：《开放式创新：基于价值创新的认知性框架》，《南开管理评论》2011 年第 2 期。

② 袁峰：《自主性与适应性视角下的政党自我革新能力分析》，《理论与改革》2014 年第 4 期。

伟大胜利——在中国共产党第十九次全国代表大会上的报告》、2022 年《高举中国特色社会主义伟大旗帜　为全面建设社会主义现代化国家而团结奋斗——在中国共产党第二十次全国代表大会上的报告》；“决定”类载体主要有 4 件，即 2013 年《中共中央关于全面深化改革若干重大问题的决定》、2014 年《中共中央关于全面推进依法治国若干重大问题的决定》、2018 年《中共中央关于深化党和国家机构改革的决定》、2019 年《中共中央关于坚持和完善中国特色社会主义制度　推进国家治理体系和治理能力现代化若干重大问题的决定》。有必要立足于这些宣示执政党价值观念的不同载体，来显明执政党欲推动的共同价值观念层面的阶段性与场域性深化改革举措。

一方面，就阶段性价值创新载体而言。该类载体主要依托“决议”与“报告”形式，来结合使用而全景式呈现阶段性的形式价值创新。应通过“报告”所涉回顾总结历史性变革与成就、作出重大政治判断、阐述历史使命、明确奋斗目标与战略安排、厘清全面部署等表述，来阐明执政党与执政党领导下国家治理政治共同体的价值观念要义与阶段性变革方向。此外，还应通过“决议”宣示对作为执政党最高行为规范之党章的修改，来完成对相应思想、理论体系、制度设定、党建规律与经验的确认与固化。另一方面，就场域性价值创新载体而言，该类载体主要依托“决定”形式，来纲领式呈现各种战略部署、决策部署与会议精神所表征的场域性形式价值创新。应分别从全面深化改革、加快建设社会主义法治国家、深化机构改革、坚持和完善中国特色社会主义制度、推进国家治理体系和治理能力现代化等制度因素层面，来明晰所涉具体事项的体系化指引，并以此诱发、带动其他领域的深化改革。

### （二）共同体的方法价值创新规范事项

所涉方法价值创新规范事项旨在设定差异化的价值创新途径，从而为有效应对、化解各类执政风险提供必要的方法指引。有必要立足于宣示执政党价值观念的不同载体所具体阐明的全党共同意志和根本遵循，来厘清执政党欲推动的共同价值观念层面的各类深化改革事项。围绕所涉“新的重要思想、重要观点、重大论断、重大举措”[①] 发挥作用的不同层面，可从三个方面来具体界分方法价值创新规范事项。

首先，意识形态指南层面的价值创新。其往往基于普适性的执政风险，来凸显在意识形态指南层面的最广延包容性创新。这一层面的执政党价值观念创新旨在强调“理论渊源、历史根据、本质特征、独特优势、发展规律和举措路径”[②] 诸方面的总揽全局式整体涵摄。该类价值创新堪称在最大共识范围内对共同体导向性价值观念的阶段化凝练与充实。其一，就科学发展观和习近平新时代中国特色社会主义思想而言，应凸显其作为近年来执政党在不同时期的马克思主义中国化理念的宣言性或纲领性凝练，进而通过党章的持续性修改，使它们逐次列入执政党的行动指南，并分别在党章总纲的第 7 自然段和第 8 自然段来予以系统阐释。其二，就中国特色社会主义制度与文化而言，应凸显其作为近年来执政党对中国特色社会主义组成部分予以逐次提炼、概括的结果，进而通过党章的持续性修改，使它们与中国特色社会主义道路和理

---

① 《就党的十九大通过的〈中国共产党章程（修正案）〉答记者问》，《人民日报》2017 年 10 月 29 日。

② 王伟光：《当代中国马克思主义的最新理论成果——习近平新时代中国特色社会主义思想学习体会》，《中国社会科学》2017 年第 12 期。

论体系一道被列为中国特色社会主义意识形态的内涵要素，并在党章总纲的第 9 自然段来予以确认和宣示。其三，就“两个一百年”奋斗目标和社会主要矛盾的现实转化而言，应凸显其表征的坚持和发展中国特色社会主义的根本目的、发展理念、战略布局、战略目标，是执政党经过较长时期的理论探索、实践检视后，对共同体奋斗目标、任务和新发展理念的科学论断与庄严承诺，进而通过党章的持续性修改，在总纲的第 10、11 自然段对它们予以清晰论证和要点阐述。

其次，党的领导建设层面的价值创新。其往往基于主观性的执政风险，来凸显在党的领导建设层面的个体定向创新。这一层面的执政党价值观念创新旨在强调作为政治领导者的执政党，充分彰显其在个体维度的自律与引领效应。该类价值创新立足于构筑“五位一体”全面从严治党新格局的反躬自省角度，堪称对共同体内核性价值观念的系统化梳理与升华。其一，就党的领导是中国特色社会主义最本质的特征而言，应凸显其即是执政党经过较长时期对党的意识增强、活动统一和能力提升诸事项核心要义的认知升华后，对共同体最大制度优势、根本政治保证以及执政党自身建设的重大原则性政治宣示，进而通过党章的持续性修改，在总纲的第 32 自然段对它予以确认并从八个方面设定相应的实践进路。其二，就党要管党、加强党的建设而言，应凸显其作为近年来执政党对马克思主义执政党建设规律认知升华的结果，并通过党章的持续性修改，从总纲到各章具体规定，对执政党的长期执政能力、先进性、纯洁性建设以及政治建设统领下的思想、组织、作风、纪律、制度建设的成功经验和重大成果来予以全面梳理，进而尝试方向性列明提高党建科学化水平所涉目标任务、意识结构，以及面向党员、领导干部与各级组织的不同原则要求事项。

最后，共同体建设发展思想层面的价值创新。其往往基于信息不对称性的执政风险，来凸显在共同体建设发展思想层面的组织化定向创新。这一层面的执政党价值观念创新旨在强调“作为协助领导者的各民主党派，作为参政议政者的人民团体、各界人士和特邀人士，作为主权享有者的人民群众”① 这三方依宪执政共同体成员，充分彰显其在组织化维度对执政党领导的他律与遵循效应。该类价值创新致力于以实干精神来积极应对不对称性下的信息鸿沟，堪称对共同体外延性价值观念的过程化践行与型塑。在经济、政治、文化、社会、生态文明建设方面的新战略举措和在国防、民族、统战、外交领域的方向性重要思想观点，是近年来执政党在全面推进中国特色社会主义事业的求真务实过程中，逐步丰富、深化、塑造共同体文明发展与永续发展思想理念的主要成果。通过党章的持续性修改，总纲的第 16 至 24 自然段，分别对五类建设新战略举措和四类领域思想观点来予以确认和要点阐述。其一，就建设新战略举措而言，经济建设主要指向推动供给侧改革、促进同步发展；政治建设主要指向法治体系建设、人民民主发展、法律体系完善；文化建设主要指向文化强国建设、核心价值体系建设、提高文化软实力、掌握意识形态领导权；社会建设主要指向构建和谐社会、增强人民群众获得感、加强和创新社会治理、坚持总体国家安全观；生态文明建设主要指向增强“两山论”意识、实现永续发展。其二，就领域思想观点而言，国防领域主要指向坚持党对军队的绝对领导、贯彻习近平强军思想；民族领域主要指向铸牢中华民族共同体意识；统战领域主要指向壮大爱国统一战线；外交领域主要指向推动构建人类命运共

① 赵谦：《论协商民主下依宪执政的共同体属性》，《河北法学》2017 年第 7 期。

同体、推进“一带一路”建设。

## 第二节 科学化自我规制事项：组织领导规范的制定权限范围

探究组织领导规范的制定权限范围即是从作为规制者的执政党“建立内部管理制度”① 的体系架构角度，主要围绕《制定条例》第 9 条第 1 款第 2 项规定之“党的各级各类组织基本制度”等方面命题，基于科学化体系架构引领下自我规制策略的指引来设定相应规范事项。其旨在落实党管干部原则以加强执政党的组织建设。应通过执政党在组织建设体系、实效上的革新性规范表达，来切实指引“党的代表能够以国家代表的名义行使国家权力、贯彻党的治国主张”②，最终外化至执政党领导下的国家治理组织结构而予以检视。可尝试从有效性维度的组织结构优化规范和广泛性维度的组织身份认同规范这两个方面，来具体阐明所涉组织领导规范的制定权限事项表达要旨，进而在体系架构的自我规制维度来强化、提升各级党组织的组织力和共识决策水平。

### 一、科学化体系架构引领下的自我规制策略

科学化体系架构引领下的规制面向旨在凸显专家论证、技术决策、

---

① 高秦伟：《社会自我规制与行政法的任务》，《中国法学》2015 年第 5 期。

② 陈云良、蒋清华：《中国共产党领导权法理分析论纲》，《法制与社会发展》2015 年第 3 期。

指标评估等方式所表征的理性决断，以突破“将决定权交给无法理性应对风险的民众所致法律变成‘恐惧的法’”① 之民主化决策的局限性。“如果民主政治被等同于多数统治，那么结果也许只是一种粗糙的负责任”②。一味地扩张或放纵公众参与，则容易诱发“人们倾向于作出一个快捷的，直觉性的判断，而不去进行更为细致的调查”③。故而“被带入政治过程、带入规制过程、带入法庭，又同政治、政策和法律保持距离”④ 之客观、独立的科学化规制面向，有必要亦凸显于自我规制策略之中。可尝试围绕有效性与广泛性这两类体系架构要旨，来明晰科学化的自我规制策略。

### （一）有效性架构引领下的自我规制策略

有效性是科学化体系架构的目标要旨。该类策略往往基于凸显资源整合重点与效率的考量，从体系架构的建构状态与调适状态这两个方面来探究相应的规制进路。一方面，就建构状态下凸显有效性的自我规制而言，其往往根据问题的不同复杂程度，逐级依托“‘政府内的科学家’或专家咨询会议”⑤ 的参考意见，来展开规制评判并作出相应的倾向性规制决定，从而成就相应的基准型规制策略。另一方面，就调适状态下凸显有效性的自我规制而言，囿于公众参与成本的收益困境，其往

① 金自宁：《风险规制与行政法治》，《法制与社会发展》2012 年第 4 期。

② ［美］诺内特、塞尔兹尼克：《转变中的法律与社会：迈向回应型法》，张志铭译，中国政法大学出版社 1994 年版，第 62 页。

③ ［美］凯斯·R. 孙斯坦：《风险与理性——安全、法律及环境》，师帅译，中国政法大学出版社 2005 年版，第 68 页。

④ ［英］伊丽莎白·费雪：《风险规制与行政宪政主义》，沈岿译，法律出版社 2012 年版，第 15 页。

⑤ 沈岿：《风险规制与行政法新发展》，法律出版社 2013 年版，第 347 页。

往指向能够积极、有效应对各种未知、不确定风险的效率型规制策略。该类效率型策略既应强调立足于样本检视、试错变更与动态整合的防御式决策调适要义，也应凸显有助于“提高决策获得支持的可能性，降低决策的执行成本”① 之请求式过程公开要义。

### （二）广泛性架构引领下的自我规制策略

广泛性是科学化体系架构的基石要旨。该类策略往往强调基于统合全社会风险意识的前提下，通过“决策吸纳利害关系人、专家和普通公众等主体的意志”②，来达成超越公私边界、基于广泛共识的互动反思型决策。其强调将有助于缓解公权力掣肘专家理性决断的广泛民主融入科学化决策中。基于科学技术和数学模型所构建的风险评估指标体系与风险防御体系作为科学化决策的具体表征，虽然能够在一定程度上因应兼具复杂性、主观性、不确定性诸项特征的现代风险，但毕竟不同的社会生活形态皆会面临其独特的风险事实，专家们的意见与风险承担表达既难以全面纾缓价值权衡困境，也“没有意识到那一系列与自己相关的特定的危险与风险”③。因此有必要在确证、固化“风险管理政策和程序中彰显的理性化努力”④ 基础上，通过及时充分地公开必要信息、设置公平的决策程序、创制平等的参与机会、切实提升民众的参与能力等举措，来尝试构建彰显过程民主化要义的效率型审议民主程序。

---

① 王贵松：《风险行政的组织法构造》，《法商研究》2016 年第 6 期。

② 戚建刚：《我国食品安全风险规制模式之转型》，《法学研究》2011 年第 1 期。

③ ［英］安东尼·吉登斯：《现代性的后果》，田禾译，译林出版社 2000 年版，第 114 页。

④ ［英］罗伯特·鲍德温、［英］马丁·凯夫、［英］马丁·洛奇：《牛津规制手册》，宋华琳、李鸻、安永康、卢超译，上海三联书店 2017 年版，第 385 页。

## 二、有效性架构引领下组织结构优化规范的事项范围

有效性架构引领下的自我规制策略凸显面对不同状态，来明晰相应的基准型或效率型规制进路。执政党领导下的国家治理组织结构作为一种组织建设体系革新对象，可在该类自我规制策略的指引下，置于“输出—回应式分析框架”① 中，强调所涉组织系统的规范、有序和高效运行，以实现国家治理维度的组织结构优化。在制度建设的推进过程中，作为组织领导者的执政党则需要通过三级党组织和党组织批准设立的党组的基准型有序组织体系建设与效率型组织建设绩效考核评价体系完善，来全面充实各级党组织的政治功能。所涉组织结构优化规范即作为一种静态意义的规范建构实践，围绕执政党在体系架构层面的自我规制事项，具体指向实现组织体系建设与建设绩效结构优化的各类党内法规规范。有必要依循建构状态和调适状态的不同政治功能要义，从推动整体与局部相统一、组织与个人相平衡的角度出发，来切实强化各级党组织的组织力。

### （一）组织体系建设规范事项

组织体系建设规范事项旨在通过有序的组织体系建设，来设定必要的组织结构优化基准，从而明晰各级党组织在建构状态下的政治功能要义。可尝试基于“健全组织结构、充实组织要素、整合组织法规”② 的

---

① 王家峰：《国家治理的有效性与回应性：一个组织现实主义的视角》，《管理世界》2015 年第 2 期。

② 蔡文华：《党的组织体系建设：时代要求与发展路向》，《探索》2019 年第 4 期。

建设目标，来厘清《制定条例》第 9 条第 1 款第 2 项所设定的“组织产生、组成和职权职责”相关制度优化事项。事实上，围绕党章第 3、4、5 章与第 9 章分别设定的中央组织、地方组织、基层组织和党组党内法规规范，已经大体上确立了较为完备的严密组织体系。伴随执政党组织架构的日趋完善，凸显干部队伍与组织制度这两个维度的建设事项，逐渐成为所涉组织体系建设的重点规范命题。

一方面，干部队伍维度的组织体系建设规范事项。增强“每一位共产党员的政治意识、大局意识、核心意识、看齐意识”① 即是干部队伍维度的核心规范事项。2016 年中国共产党第十八届中央委员会《关于新形势下党内政治生活的若干准则》在“三、坚决维护党中央权威”中将树立“四个意识”明确设定为“坚持党中央的集中统一领导”的基本要求。应基于此，具体明晰该类事项的规范内涵、规范依据与适用进路。其一，就规范内涵而言，有必要厘清“四个意识”的思想内涵与内在逻辑关联，明确其从政治方向、立场、要求与素养这四个方面对执政党成员所设定的具体要求。其二，就规范依据而言，有必要完成对执政党的政治主张、纪律、党员义务、党中央职能等相关党内法规规范的科学识别，以固化在制度规范层面推动“四个意识”增强的行为准则指引。其三，就适用进路而言，所涉意识形态适用主要指向执政党乃至其他三方共同体成员的中国特色社会主义意识形态创新与建设；所涉行为能力适用主要指向增强执政党的自我净化、完善、革新、提高能力，以确保其先进性与纯洁性；所涉建设标准适用主要指向规范党内政治生活、净化党内政治生态、严肃党内政治纪律与规矩，以制度化推进

① 舒国增：《全面把握“四个意识”的深刻内涵和辩证关系》，《人民日报》2016 年 6 月 27 日。

全面从严治党。

另一方面，组织制度维度的组织体系建设规范事项。“遵循‘政党嵌入’和‘体制吸纳’的双向路径”① 来加强基层党组织建设即是组织制度维度的核心规范事项。围绕党章第5章，相关党内法规规范就执政党各类基层组织的组织设置、职责任务、具体建设工作、基层治理、人员队伍建设等事项进行了较为全面的规定，并进一步结合在农村、普通高校、党和国家机关、国有企业基层组织工作的不同特点，分别展开了具体化、差异化设定。应基于此，具体明晰该类事项的功能要义、组织关联命题与建设进路。其一，就功能要义而言，在加强基层党组织建设进程中，有必要明晰与党中央保持一致的组织统合功能、有效组织党员群众以巩固基层执政根基的能力建设功能、回应现实需求与人民利益表达的宗旨践行功能，以切实强化基层党组织的吸引力、组织力、号召力与战斗力。其二，就组织关联命题而言，有必要在凸显基层党组织诸项功能的前提下，基于推动政治权力吸纳不同社会力量以实现有效整合的方向引领，来准确定位基层党组织和基层政府、基层群众性自治组织的组织关联命题。应贴近基层经济社会发展需求、基层群众利益需求与积极推进各项实际工作现实需求，在恪守必要的活动方式方法的规范边界前提下，充分发挥基层党组织的引领带头作用。通过基层党组织的宣传、贯彻、团结与动员职责履行，切实推动执政党“以组织建设和组织网络渗透为主要形式的组织化调控”② 机制确立。其三，就建设进路

① 陈文：《政党嵌入与体制吸纳——执政党引领群众自治的双向路径》，《深圳大学学报（人文社会科学版）》2011年第4期。

② 唐皇凤：《新中国60年国家治理体系的变迁及理性审视》，《经济社会体制比较》2009年第5期。

而言，有必要基于基层党组织建设质量的标准化、信息化与精细型、严厉型要求，从目标计划、指标要素、技术手段、绩效评估、归责机制等方面来设定可行的体系化建设进路。

## （二）组织建设绩效规范事项

组织建设绩效规范事项旨在通过完善组织建设绩效考核评价体系，来确立组织结构优化的效率导向，从而明晰各级党组织在调适状态下的政治功能要义。有必要依循动机与效果相平衡、定性与定量相结合、静态与动态相统一的绩效评价原则，凸显执政党功能发挥与目标达成的程度，来厘清《制定条例》第 9 条第 1 款第 4 项所设定的“党的建设”在组织建设领域的实效考核事项，以推动组织建设绩效的切实提升。基于党章所引领确立的三级组织体系，根据 1994 年《中共中央关于加强党的建设几个重大问题的决定》、2009 年《中共中央关于加强和改进新形势下党的建设若干重大问题的决定》这两个“党的建设”相关“重大问题决定”，可考虑围绕健全民主集中制、基层组织建设、培养选拔领导干部这三个关键面向，来设定组织建设绩效复合型评价的核心事项。

首先，健全民主集中制面向的组织建设绩效规范事项。2013 年《中共中央关于全面深化改革若干重大问题的决定》在“一、全面深化改革的重大意义和指导思想”中明确了“加强民主集中制建设”的“提供坚强政治保证”意义，在“十、强化权力运行制约和监督体系”中凸显了“坚持民主集中制”的“权力制约和协调机制”效应；2019 年《中共中央关于坚持和完善中国特色社会主义制度　推进国家治理体系和治理能力现代化若干重大问题的决定》在“二、坚持和完善党的领导制度体系，提高党科学执政、民主执政、依法执政水平”中进一步宣示了“坚持民主集中制”的“健全提高党的执政能力和领导水平”作用。“强化观念、规范程序、配套监督、提高素质”① 则是健全民主集中制面向的核心规范事项。应基于此，从落实党员民主权利和健全党内民主制度等方面，来具体明晰该类事项在党的科学领导、党员主体地位和权利、党代表大会和党内选举、党内民主决策、党的集中统一这五个方面的评价指标设定要义。其一，党的科学领导评价指标。主要包括党组织领导核心作用发挥、支持其他组织团体依法履职、群团联系服务作用发挥、所涉权责事项清单化等二级指标要素。其二，党员主体地位和权利评价指标。主要包括党内事务党员参与、党内情况通报、党务信息对外公开、党员意见表达、党内民主讨论与监督等二级指标要素。其三，党代表大会和党内选举评价指标。主要包括代表结构比例、候选人提名方式、代表权责履行、党内选举程序、选举结果变动等二级指标要素。其四，党内民主决策评价指标。主要包括议事规则、决策程序、决策咨询、决策监督等二级指标要素。其五，党的集中统一评价指标。主要包括服从意识、保持一致意识、执行检查督察等二级指标要素。

其次，基层组织建设面向的组织建设绩效规范事项。1994 年《中共中央关于加强农村基层组织建设的通知》虽然仅针对的是农村地区基层组织建设命题，但却为整体基层组织建设面向的考核评价体系构建指明了方向。基层组织的生存发展空间与功能定位即是基层组织建设面向的核心规范事项。应基于此，从推动执政党与国家、社会实现有机协

① 孔繁顺：《新形势下坚持和健全民主集中制的思考》，《求是》2009 年第 24 期。

同、整合的角度，来具体明晰该类事项在基层组织覆盖面、工作内容方式创新、党员队伍建设、基层组织带头人队伍建设、城乡统筹建设这五个方面的评价指标设定要义。其一，基层组织覆盖面评价指标。主要包括地域覆盖、机关事业单位覆盖、国企覆盖、非公经济组织覆盖、其他社会组织覆盖等二级指标要素。其二，工作内容方式创新评价指标。主要包括针对不同行业领域的活动目标内容差异化、活动手段方式多样化等二级指标要素。其三，党员队伍建设评价指标。主要包括发展党员、党员服务、党员教育培训、党员先锋模范作用、党内组织生活等二级指标要素。其四，基层组织带头人队伍建设评价指标。主要包括带头人的来源结构、兼任事项、职业发展、物质保障等二级指标要素。其五，城乡统筹建设评价指标。主要包括城乡党组织的流动党员管理、衔接发展党员、结对帮扶、经费物质统筹保障等二级指标要素。

最后，培养选拔领导干部面向的组织建设绩效规范事项。《党政领导干部选拔任用工作条例》（2002 年制定，2014 年、2019 年修改）作为培养选拔领导干部的基本遵循，为确立该面向的党建责任综合绩效工作模式提供了系统、全面的规范依据。凸显组织忠诚、业务素质、责任担当与基层经验即是培养选拔领导干部面向的核心规范事项。应基于此，具体明晰该类事项在用人标准、培养选拔规程、领导能力优化、年轻干部培养、干部人事管理这五个方面的评价指标设定要义。其一，用人标准评价指标。主要包括德才标准细化、德才标准执行等二级指标要素。其二，培养选拔规程评价指标。主要包括选拔提名方式、选拔来源、考察标准、选拔程序、责任追究等二级指标要素。其三，领导能力优化评价指标。主要包括领导班子的配备、定期务虚、锻炼培训、业绩评价等二级指标要素。其四，年轻干部培养评价指标。主要包括年轻干部的基层工作锻炼、来源结构、年龄段配备等二级指标要素。其五，干部人事管理评价指标。主要包括分类管理、交流任职、情况沟通、退出机制、职数职级待遇配置等二级指标要素。

## 三、广泛性架构引领下组织身份认同规范的事项范围

广泛性架构引领下的自我规制策略凸显基于主体的意识统一与意志吸纳，来达成共识决策。执政党领导下的国家治理组织结构作为一种革新性组织建设实效结果，可在该类自我规制策略的指引下，置于“任务特征—组织模式与身份认同—绩效分析框架”① 中，强调组织成员之间的相互监督、激励，并通过对各自行为的主动性约束、有效维护彼此的组织身份价值，以实现国家治理维度的组织身份认同。在治理能力建设的推进过程中，作为组织领导者的执政党需要通过党员的身份自觉和党的干部的身份特点识别，来有效型塑党员、干部的政治品格。所涉组织身份认同规范即作为一种动态意义的规范衔接实践，围绕执政党在体系架构层面的自我规制事项，具体指向强化党员和党的干部身份认同的各类党内法规规范。有必要通过行为学、身份经济学维度之凸显绝对忠诚的政治品格型塑，来推动执政党成员意识、意志的自觉统一与吸纳，从而切实提升各级党组织的共识决策水平。

### （一）党员的身份自觉规范事项

党员的身份自觉规范事项旨在通过统一作为基干组织成员之党员的

---

① 魏姝：《干部制组织还是科层制组织——一个基于身份理论的“原教旨”分析》，《南京社会科学》2018 年第 1 期。

角色认知意识，来为共识决策提供民主的普遍意志表达基础。应基于凸显“政治性、先进性、服务性、系统性特征”[①] 的党员角色认知意识，通过党员对所在执政党的思想认同、政治依靠、工作服从与情感信赖，来厘清《制定条例》第 9 条第 1 款第 3 项所设定的“党员义务权利”在身份自觉领域的事项要素，以推动全体党员强化必要的组织观念。依循党章第 1 章对党员事项的全面指引，可考虑从使命性认知与知识性认知这两个方面来设定所涉身份自觉规范的核心事项。

一方面，党员使命性认知方面的身份自觉规范事项。该类事项主要指向针对全体党员开展的政治教育和政治训练、革命传统教育和形势政策教育，以切实提升党员对自己所处身份、地位和状态的使命性认知，进而增强党员对党组织的情绪体验和内心感受所表征的党性观念，来巩固党员对所在执政党的政治依靠、工作服从与情感信赖。2019 年《中国共产党党员教育管理工作条例》第 10 条、第 13 条、第 14 条就所涉教育事项予以了专门规定。应基于此，依循“思想、政治、组织、行为身份自觉”[②] 的各项要求，通过确保自身纯洁性、先进性与时代性的自觉学习，来充实、细化党员的身份确信与核心价值观建设，进而强化其理想信念、精神追求等方面的使命认知教育。有必要凸显经常性教育和个人自学在提升使命性认知方面的常态化、主动性优势。在具体明晰该类教育活动的内容事项、形式要求、时间计划安排与活动考评要求的前提下，主要通过理论宣讲、组织生活与在线学习培训的方式，来潜移

① 廖艺萍：《近年来关于“党员意识”若干问题的研究综述》，《学习论坛》2006 年第 1 期。

② 孟献丽、郝玉洁：《全面从严治党视阈下党员身份自觉的实现》，《中州学刊》2019 年第 3 期。

默化地实现党员对党的宗旨和奋斗目标的理性与情感认同。

另一方面，党员知识性认知方面的身份自觉规范事项。该类事项主要指向针对全体党员开展的政治理论教育、党章党规党纪教育和党的宗旨教育，以切实提升党员对马克思主义基本原理和党的基本理论、路线、方略等的知识性认知，从而强化党员基于更高道德要求对所在执政党的思想认同。2019 年《中国共产党党员教育管理工作条例》第 9 条、第 11 条、第 12 条就所涉教育事项予以了专门规定。应基于此，在“学思用贯通、知信行统一”① 的良好学习习惯引领下，通过党员在知识层面的素养、品质乃至能力的专业化提升，来实现“自我超越、改善心智模式、建立共同愿景、团体学习、系统思考”②，进而强化其原理方略、专业技能等方面的知识认知教育。有必要凸显集中教育和组织培训在提升知识性认知方面的系统化、考评性优势。在具体明晰该类教育活动的指导思想、主题功能、目标任务、学习内容、教育方法、活动组织程序及要求的前提下，主要通过专项主题教育和集中轮训的方式，来定性、定向地推动相关知识学习与有序组织生活的功能性整合。

### （二）党的干部的身份特点识别规范事项

党的干部的身份特点识别规范事项旨在通过作为核心组织成员之党的干部对党员普遍意志的吸纳乃至提升定位，来为共识决策提供集中的特殊意志审议决断。应依循忠诚干净担当的高素质干部标准，围绕党章

---

① 习近平：《在“不忘初心、牢记使命”主题教育工作会议上的讲话》，《求是》2019 年第 13 期。

② ［美］彼得·圣吉：《第五项修炼——学习型组织的艺术与实务》，郭进隆译，上海三联书店 1994 年版，第 12 页。

第35条所确立的“党的事业的骨干、人民的公仆”之党的干部身份提升定位，通过各种干部教育有效措施，来厘清强化该类身份特点识别的事项要素。2015年《干部教育培训工作条例》和《2018—2022年全国干部教育培训规划》初步确立了针对党的干部的理论、党性、知识教育相结合的培训内容体系。基于此，可考虑从政治性与专业性这两类面向来设定所涉身份特点识别规范的核心事项。

一方面，政治性面向的身份特点识别规范事项。该类事项主要指向针对党的干部的理想信念、党性修养、政治理论和道德品行等方面的政治性认知所开展的政治理论教育，从积极规避“动力、能力、担当之执政不作为现象”① 立场出发，来着力提高干部的思想政治素质与道德品质。2015年《干部教育培训工作条例》第20条就所涉教育事项予以了专门规定。应基于此，明晰该类教育活动在理论教育和党性教育方面的深入、扎实目标要求，将阶段性的脱产培训设定为该类教育活动的主要方式，将常态化的党委（党组）中心组学习、网络培训、在职自学等方式设定为该类教育活动的辅助方式，并就参加相应脱产培训的差异化学时要求、课程结构、教学方式，以及分级分类培训对象、培训保障、培训制度皆予以明确的量化规定。此外，还有必要从思想原著、经典理论和观点方法等方面来设定理论教育的内容事项；从“理想信念、党章、党规党纪、党的宗旨和作风、党内政治文化、党史国史、党的优良传统、世情国情党情、政德、社会主义核心价值观”② 等方面来设定党性教育的内容事项。

另一方面，专业性面向的身份特点识别规范事项。该类事项主要指

① 赵谦：《执政不作为治理研究》，《法学杂志》2018年第12期。

② 《2018—2022年全国干部教育培训规划》，《人民日报》2018年11月2日。

向针对党的干部的政策法规、业务知识、科学人文素养等方面的专业性认知所开展的政策法规教育、业务知识培训和科学人文素养教育，切实增强干部“学习本领、政治领导本领、改革创新本领、科学发展本领、依法执政本领、群众工作本领、狠抓落实本领、驾驭风险本领”等[①]的各项能力，以推动建设高素质的专业化干部队伍。2015 年《干部教育培训工作条例》第 21 条、第 22 条、第 23 条就所涉教育事项予以了专门规定。应基于此，明晰该类教育活动在专业化能力培训和知识培训方面的精准、有效目标要求，将常态化的党委（党组）中心组学习、网络培训、在职自学等方式设定为该类教育活动的主要方式，将阶段性的脱产培训设定为该类教育活动的辅助方式，并就参加相应专题培训的差异化学时要求、课程结构、教学方式以及分级分类培训对象、培训保障、培训制度皆予以明确的指标式规定。此外，还有必要围绕执政党的总体战略布局、重大决策部署，立足于问题、实践导向下的务实管用专题来设定专业化能力培训的内容事项；从博雅性素质基础知识、体系性行业领域知识、全面的政策法规知识、专门的新技能知识等方面来设定知识培训的内容事项。

## 小　结

设置执政党不同层级组织制定不同类型党内法规规范的权力边界，其本身即是一种执政党通过自主行为来完成自我约束的自我规制活动。

---

① 石泰峰：《健全提高党的执政能力和领导水平制度（深入学习贯彻党的十九届四中全会精神）》，《人民日报》2019 年 12 月 3 日。

自我规制的四重必要特征在该类规制活动中亦被清晰显明，而凸显了规制者与规制对象的同一性。设置党内法规制定权限的规制目标旨在基于实现有序同心圆式依宪执政的现实考量，来科学构建党内法规的自律性规范体系。可尝试运用组织结构面向的自我规制策略，来完成党的政治领导规范与组织领导规范的规范属性识别，进而阐明这两类规范制定权限事项的表达要旨。一方面，围绕执政党在功能目标层面的自我规制事项来巩固党的政治领导，应从共同体价值认同和共同体价值创新这两个方面来展开规范设定。前者作为一种预设权威创制规范设定，具体指向实现价值层面宣示与教化的各类党内法规规范；后者作为一种预设权威变迁规范设定，具体指向实现价值层面形式与方法创新的各类党内法规规范。另一方面，围绕执政党在体系架构层面的自我规制事项来落实党的组织领导，应从组织结构优化和组织身份认同这两个方面来展开规范设定。前者作为一种静态意义的规范建构实践，具体指向实现组织体系建设与建设绩效结构优化的各类党内法规规范；后者作为一种动态意义的规范衔接实践，具体指向强化党员和党的干部身份认同的各类党内法规规范。基于此，类型化阐明党的政治领导规范与组织领导规范的制定权限事项表达要旨，有助于描述相应党内法规规范在政党自我规制维度的特有属性，并为后续元规制维度的党的思想领导规范研究奠定基础。

# 第五章　思想整合：党内法规制定权限的元规制论

在党的思想领导规范场域中探究党内法规制定权限命题，旨在围绕《制定条例》第9条第1款第1项规定之“党的指导思想”等方面的权限事项命题，强调从作为规制者的执政党“解决什么是实现所要求绩效的最佳方式”① 的角度，来设定“把握意识形态领域的话语权和主导权”② 的思想整合行为规则。“用党的基本路线的精神统一全党和全国人民的思想，把党的主张变成人民的自觉行动”③ 所表征的思想整合，往往依托执政党在思想建设内容、任务上的革新性规范表达，来实现对党的政治领导规范与组织领导规范所彰显的执政党自我规制的准据指引；进而通过推动其他社会成员与执政党达成在意志、利益诉求乃至执政理念方面协调、契合的思想共识，来促进“更加多样化与更加开放

---

① 高秦伟：《社会自我规制与行政法的任务》，《中国法学》2015年第5期。

② 谢海燕、卢春雷：《中国化马克思主义权力观意涵的多维解读》，《理论导刊》2020年第6期。

③ 陈云良、蒋清华：《中国共产党领导权法理分析论纲》，《法制与社会发展》2015年第3期。

性的治理方式"[①]，置于执政党领导下的国家治理"提倡某种程度与形式的爱国心与政治认同和公民德性"[②] 维度予以有效的外转化检视。

基于此，在党的思想领导规范场域展开"促使规制对象本身作出内部式的、自我规制性质的回应"[③] 之元规制层面的党内法规制定权限研究，可考虑将思想整合确立为党内法规制定权限的元规制命题，进而将规制作为自我规制者的执政党的元规制目标设定为：执政党通过思想整合来推动组织体内部围绕执政理念实现约束自身活动的有效回应。事实上，思想整合往往依托明晰思想整合准则和依据的党的思想领导规范，来展开一种前置环节意义的过程规范建构实践，从而为执政党从"政治方向、目标方向、民族性质与时代特征、道德标准"[④] 诸方面全面夯实执政的思想基础确立必要的行为指引。强化思想整合的主旨目标皆在于"优化中国共产党思想整合功能的思想基础"[⑤]，以充分"内化为社会成员的政治认同"[⑥]，保持并稳固执政党的领导地位。有必要围绕执政理念的"理论感召力、影响力和生命力实现的外转化要求"[⑦]，

---

① 罗豪才、宋功德：《认真对待软法——公域软法的一般理论及其中国实践》，《中国法学》2006 年第 2 期。

② 陆一爽：《论民国公民教育的起源与变迁》，《苏州大学学报（法学版）》2021 年第 3 期。

③ ［英］罗伯特·鲍德温、［英］马丁·凯夫、［英］马丁·洛奇编：《牛津规制手册》，宋华琳、李鸻、安永康、卢超译，上海三联书店 2017 年版，第 167 页。

④ 刘慧婷：《社会主义核心价值体系：执政党社会价值整合的思想基础》，《学习与探索》2009 年第 6 期。

⑤ 颜佳华、易承志：《全球化背景下中国共产党思想整合功能的优化》，《科学社会主义》2005 年第 1 期。

⑥ 参见林尚立：《中国共产党执政方略》，上海社会科学院出版社 2002 年版，第 87—91 页。

⑦ 齐卫平：《理论整合与思想整合：中国特色社会主义理论体系的内成型与外转化》，《社会主义研究》2013 年第 3 期。

来明晰作为“思想领导者”① 的执政党，通过马克思主义大众化推动“群体成员认同组织基本思想与价值”② 的特定准则和依据。

马克思主义大众化是执政党与其他社会成员围绕“坚持党的领导、人民当家作主、依法治国有机统一”的理念方向，依托宣示性、指南性认同与遵守来实现思想整合的主要载体途径。在相关实践活动中，有必要从“正确理解与把握质和量的规定性”③ 方面，来促进其他社会成员与执政党达成“道路、方式、意识、追求”④ 等方面的共识。该类质和量的规定性往往彰显于执政党与其他社会成员认同、遵守马克思主义中国化理论的践行过程。执政党通过党章总纲部分的“行动指南”规定，对马克思列宁主义、毛泽东思想、邓小平理论、“三个代表”重要思想、科学发展观、习近平新时代中国特色社会主义思想所表征的马克思主义中国化理论变迁的基本内涵予以了全面的体系化规定，其作为执政党实现思想整合的方向引领被予以明确。

故而在前述党的思想领导规范场域的思想整合之元规制目标引领下，本章研究是结合元规制理论，在党的思想领导规范场域中的建构与检视表达，旨在完成党的思想领导规范的规范属性识别，以阐明该类规范制定权限事项的表达要旨。一方面，就思想整合的宣示性认同与遵守而言，有必要从客体对象层次和创新手段形式这两个方面，通过科学

① 赵谦：《论协商民主下依宪执政的共同体属性》，《河北法学》2017 年第 7 期。

② 颜佳华、易承志：《全球化背景下中国共产党思想整合功能的优化》，《科学社会主义》2005 年第 1 期。

③ 左伟清、刘尚明：《论“当代中国马克思主义大众化”》，《中国特色社会主义研究》2008 年第 1 期。

④ 张文显：《法治与国家治理现代化》，《中国法学》2014 年第 4 期。

"实现马克思主义与中国实际的结合"①，来强化思想整合的"人才集聚能力"②，以切实促进其他社会成员与执政党实现"多层面多角度地产生凝聚成员共识、校正价值取向的政治社会效应"③。另一方面，就思想整合的指南性认同与遵守而言，有必要依托沟通交流平台来推动"实现马克思主义的现实化和通俗化"④，进而从建制和运营这两个方面，来强化思想整合平台在结构、过程维度的"输入和输出运作导向"⑤，以切实推动其他社会成员与执政党实现"理想与目标层面的认同"⑥，最终"把马克思主义理论转化为广大人民群众认识和改造世界的强大物质力量"⑦。

## 第一节　对象层次维度思想领导规范的制定权限范围

探究该类思想领导规范的制定权限范围即是围绕所涉思想的不同传播对象来具体明晰相应的宣示性认同规范事项，以通过"把握马克思

① 孙熙国、路克利：《马克思主义大众化的两个基本前提和两条实现路径》，《马克思主义研究》2009 年第 2 期。

② 岳嵩、邱实：《国家治理现代化视阈下中国共产党执政理念创新》，《南京师大学报(社会科学版)》2016 年第 5 期。

③ 包心鉴：《论当代中国的政治认同》，《思想理论教育》2014 年第 9 期。

④ 孙熙国、路克利：《马克思主义大众化的两个基本前提和两条实现路径》，《马克思主义研究》2009 年第 2 期。

⑤ 王小钢：《托依布纳反身法理论述评》，《云南大学学报（法学版）》2010 年第 2 期。

⑥ 包心鉴：《论当代中国的政治认同》，《思想理论教育》2014 年第 9 期。

⑦ 孙熙国：《马克思主义大众化的三个重要环节》，《思想教育研究》2008 年第 10 期。

主义大众化对象的层次性”[①] 来厘清思想整合的客体对象。党章总纲部分的“发挥党员先锋模范作用”规定、“加强对群团组织的领导”规定、“团结各民主党派、无党派人士”规定，即根据与执政党紧密联系的不同程度和具体要求，在事实上将思想整合的对象界分为党员、群团组织与民主党派这三个层次。

## 一、党员思想整合规范的践行落实性事项范围

该层次的思想整合旨在凸显作为执政党一份子的党员，立足于学习马克思主义中国化理论，来积极创建彰显执政党“作用力、影响力和联结力”[②] 的先锋模范。应基于对所涉思想的全面认同而身体力行，落实到现实行为的方方面面。党章第3条第1项、第36条第1项和第32条第2项，分别针对党员、领导干部的个体化学习事项和基层组织的组织化学习事项，从功能定位与结构方式这两个方面明晰了“从‘关键少数’向广大党员拓展、从集中性教育向经常性教育延伸”[③] 的践行落实原则要求。

### （一）学习的功能定位规范事项

该类规范事项旨在通过错位式行为指引，来分别设定针对不同对象的学习作用、效能要求考量。党员是最为广延的学习义务对象，所涉功

① 王国炎：《当代中国马克思主义大众化的实践路径探析》，《马克思主义研究》2009年第3期。

② 董克勇：《试谈共产党员的先锋模范作用的几个问题》，《理论探讨》1986年第4期。

③ 李社：《扎实开展“两学一做”学习教育》，《理论与当代》2016年第4期。

能定位应凸显基础学习实效考量；领导干部是限缩后的特定学习义务对象，所涉功能定位应凸显进阶学习实效考量；“组织党员认真学习”相关理论是基层组织的一项基本任务，在组织体成员所依托的组织发展过程中享有竞争优势。

基于此，“学习是共产党员的责任”①，亦是彰显党员“先锋战士”特质、实现“为人民服务”的前提能力要件，有必要将认真学习相关理论设定为党员提高为人民服务本领的普遍性义务之一。针对领导干部这类特殊群体，则有必要将具有履行职责所需要的相关理论水平和带头贯彻落实设定为领导干部在党员普遍性学习义务基础上的特殊要求，旨在“不断提高自身的理论素养以及解决实际问题的能力”②。其既关涉学习成效方面的质量评判命题，也强调发挥在学以致用方面的表率引领作用。此外，基层组织应更多地依托“两学一做”学习教育常态化制度化要求，来固化并凸显创新组织成长应“具备的速度、灵活性和能力”③ 的学习形态设定。

### （二）学习的结构方式规范事项

该类规范事项旨在通过知识结构的列举式方向指引来设定差异化的知识要素配置安排，进而围绕针对不同对象的知识载体与目标要求，具体厘清相应的个殊化行为方式。针对党员、领导干部的个体化学习和基层组织的组织化学习的基准知识要素，皆应一致指向马克思列宁主义、

① 《陈云文选》第一卷，人民出版社 1995 年版，第 187 页。

② 常静：《社会主义核心价值观大众化研究》，中国商业出版社 2018 年版，第 168 页。

③ ［美］潘蒂·西丹曼拉卡：《智慧型组织：绩效、能力、知识一体化管理》，艾菲、孟立慧译，上海交通大学出版社 2003 年版，第 4 页。

毛泽东思想、邓小平理论、“三个代表”重要思想、科学发展观、习近平新时代中国特色社会主义思想。针对领导干部还应进一步凸显习近平新时代中国特色社会主义思想需要带头贯彻落实的实践引领效应。此外，针对基层组织则有必要依循《中国共产党党员教育管理工作条例》和《干部教育培训工作条例》等相关专门规范性文件，通过“组织”学习场域、载体、方式、方法的体系性设定，来实现党员、领导干部在组织化学习过程中“各自努力与目标间关系”① 的高效整合与有序推进。

基于此，围绕个体化学习和组织化学习的六类基准知识要素，皆有必要具体明晰通过“党的路线、方针、政策和决议”与“党的基本知识”实现完全承载的直接知识载体，以及通过“科学、文化、法律和业务知识”实现范式指引的间接知识载体。针对领导干部还应特别凸显“分析和解决实际问题”的日常行为实践目标要求，“讲学习、讲政治、讲正气”的党性党风素养目标要求，“经得起各种风浪的考验”的政治觉悟目标要求。虽然相关专门规范性文件针对个体化学习和组织化学习的学习内容、实施方法、考核评估与保障措施等事项，予以了较为全面的实施性规定，但在实现运动式被动学习向常态化主动学习的样态转进过程中，围绕“学习计划、学习培训方式、学习理念”② 等核心要素的有效激励机制、良性竞争机制、创新评价机制仍存在进一步的行为规则充实、细化空间。

---

① 卜中海：《做专业的合作学习》，阳光出版社 2019 年版，第 53 页。

② 王炳林：《学习型党组织的基本特征和建设路径》，《毛泽东邓小平理论研究》2010 年第 3 期。

## 二、群团组织思想整合规范的包容共识性事项范围

该层次的思想整合旨在凸显作为执政党领导下随附性、延伸性乃至预备性组织的群团组织，在民主集中制这一核心准则的引领下，来充分彰显其作为执政党联系群众的桥梁和纽带效应。应基于对所涉思想的认同与共识达成，切实发挥其组织力奠基作用而推动执政党在“意识、行动与方式上的包容性发展”①。各类群团组织章程分别从原则性共识与规范性共识这两个方面，明晰了凸显“时代性、现实性与目标指向性”② 的包容共识要求。

### （一）民主集中制的原则性共识规范事项

该类规范事项旨在对群团组织“所表现的一般性特征进行全面分析”③ 的基础上，抽象出行之有效的基本思想准则，用于降低主观随意性、保持组织稳定性以及提高自我更新能力。例如，《中国共产主义青年团章程》④ 在“总则”部分将其作为团的建设的一项基本要求，设定了较为明确的包容共识达成进路。在民主面向应“尊重主体地位、切实保障权利”，在集中面向则应“加强组织性和纪律性、保证决议贯彻

---

① 齐久恒：《从“组织性覆盖”走向“包容性发展”——中国共产党引领社会组织发展的路径创新》，《领导科学》2014 年第 35 期。

② 刘晓霞：《机制视阈中马克思主义大众化的基本路径》，《社会科学战线》2013 年第 3 期。

③ 鲁敏主编：《当代中国政府概论》，天津人民出版社 2019 年版，第 211 页。

④ 参见《中国共产主义青年团章程》，中国共青团网，2018 年 7 月 2 日，http://www.gqt.org.cn/ccylmaterial/regulation/200612/t20061224_12147.htm。

执行”。《中华全国青年联合会章程》[①] 第4条和《中国工商业联合会章程》[②] 第10条，亦就此予以了宣示性确认。皆立足于保障组织成员的主体地位和最大限度民主权利，从达致思想“团结统一和行动一致”[③] 目标的角度，来设定科学、有效的民主、集中举措，并通过明确的立场表达，凸显组织成员认同该准则的义务性，以及遵循、实施该准则的责任要义。

基于此，为了适应社会结构由总体性逐渐转向分化性的变迁态势，特别是社会分工异质性所带来的阶层复合化、利益多元化命题，有必要基于群众“民主观念和意识的不断增强、公民对政治生活的参与热情明显增加”[④] 的时代需求，来不断调适群团组织工作机制。既凸显群团组织在思想上政治上行动上始终同以习近平同志为核心的党中央保持高度一致的立场性集中要义，也要强化“保持政治属性与群众属性平衡”[⑤] 的方向性民主表达。特别是从群团组织的机构建制、功能定位、宣传教育要义等方面，将作为基本思想准则的民主集中制落到实处，以更好地基于引导群众、解构群众现实需求、满足群众利益期许的意旨考量来巩固执政党的群众基础与共识源泉。

---

① 参见《中华全国青年联合会章程》，中华全国青年联合会网，2020年8月18日，http://acyf.cyol.com/gb/channels/eryjavDQ/index.html。

② 参见《中国工商业联合会章程》，中华全国工商业联合会网，2022年12月12日，http://www.acfic.org.cn/bhjj/gk/zc/。

③ 薄谊萍、韩刚：《新时代党支部建设的基本遵循》，新华出版社2019年版，第40页。

④ 李虎：《全面深化改革视阈下党的群团工作建设》，《湖南省社会主义学院学报》2015年第3期。

⑤ 胡献忠：《中国特色社会主义群团发展道路的政治学解读》，《中国青年研究》2015年第4期。

## （二）民主集中制的规范性共识规范事项

该类规范事项旨在凸显群团组织“具有明确的形态就可以被组织有意识地采用和执行”① 的运行实效考量，设定相对清晰、明确的行为规则指引，以确保组织成员有序集体行动内在动力的持续性与可循性。例如，《中国工会章程》② 第 9 条从服从规则、机关产生、领导机关属性、报告监督、领导负责、通报请示这六个方面，就所涉包容共识的主要内容予以了列明。《中华全国妇女联合会章程》③ 第 10 条和《中华全国归国华侨联谊会章程》④ 第 12 条，亦就此予以了宣示性确认。《中国科学技术协会章程》⑤ 和《中华全国台湾同胞联谊会章程》⑥ 则进一步在前者的第 5 条、第 9 条、第 39 条、第 41 条和后者的第 8 条、第 14 条、第 15 条，分别设定了以“民主办会”和“民主选举”为主要表征的民主规则行为指引，以“受上级业务指导”和“报上一级备案”为主要表征的集中规则行为指引。从而在组织体的内部民主与集体领导工作准则方面，通过设定凸显可操作性的“组织原则、机构设置、组织

---

① ［美］乔恩·埃尔斯特：《解释社会行为：社会科学的机制视角》，刘骥、何淑静、熊彩等译，重庆大学出版社 2019 年版，第 403 页。

② 参见《中国工会章程》，中华全国总工会网，2018 年 10 月 28 日，http://acftu.workercn.cn/27/201810/28/181028081156082.shtml。

③ 参见《中华全国妇女联合会章程》，中华全国妇女联合会网，2018 年 11 月 4 日，http://www.women.org.cn/art/2018/11/4/art_946_159084.html。

④ 参见《中华全国归国华侨联合会章程》，中华全国归国华侨联合会网，2018 年 10 月 16 日，http://www.chinaql.org/n1/2018/0622/c419637-30075925.html。

⑤ 参见《中国科学技术协会章程》，中国科学技术协会网，2021 年 5 月 30 日，https://www.cast.org.cn/qjkx/zzjszd/gbzzzd/art/2022/art_566079320d024d60ae49e4c68772198e.html。

⑥ 参见《中华全国台湾同胞联谊会章程》，中华全国台湾同胞联谊会网，2022 年 12 月 15 日，http://www.tailian.org.cn/zc/202302/t20230216_1251090.htm。

发展的规范”[①]，来达致思想凝聚与高效管理，以确保执政党意志、决策的有力贯彻执行。

基于此，从强化群团组织思想“政治性、先进性和群众性”[②] 的角度出发，为了凸显其组织成员“对政府或政权及其意识形态体系的信任或信仰”[③]，有必要进一步明确作为行为规则指引的民主集中制在“特定领域社会生活中加以实现的文本上规范要求”[④]。既强调群团组织章程应立足于“大的方向性原则”[⑤] 来推进组织机构设置与职权配备的功能适当化集中建制，以在充分尊重“现代社会治理规律”[⑥] 的前提下，有机界分不同类型群团组织的联系服务对象与作用场域；也注重从“深入推动思想教育、问题整改、体制创新，转变思想观念，强化群众意识，改进工作作风，提高工作水平”[⑦] 之内部人员管理与责任保障的实质民主化规范设定角度出发，来提升群团组织成员的业务素质水平，健全群团组织政治化、群众化的内部治理秩序，进而巩固执政党与群团组织的一体化权威。

---

① 张平江主编：《党性修养简明大辞典》，内蒙古人民出版社 2018 年版，第 18 页。

② 葛道顺：《关于群团组织治理和发展的思考——学习习近平系列重要讲话的体会》，《社会发展研究》2016 年第 4 期。

③ 喻包庆：《论当代中国的政治认同危机及其解决路径》，《广西师范大学学报（哲学社会科学版）》2012 年第 3 期。

④ 苏绍龙、秦前红：《论党内法规的适用规则》，《华南师范大学学报（社会科学版）》2019 年第 1 期。

⑤ 胡献忠：《改革开放以来群团组织研究述评》，《中共云南省委党校学报》2015 年第 5 期。

⑥ 彭恒军：《社会治理主体建设与群团组织的改革与创新——解读中共中央〈关于加强和改进党的群团工作的意见〉》，《工会理论研究（上海工会管理职业学院学报）》2015 年第 6 期。

⑦ 《切实保持和增强政治性先进性群众性　开创新形势下党的群团工作新局面》，《人民日报》2015 年 7 月 8 日。

## 三、民主党派思想整合规范的适应确认性事项范围

该层次的思想整合旨在凸显作为接受执政党领导的参政党，在四项基本原则的基石性约束下，来切实发挥其领域性、界别性协商共事作用。应基于对所涉思想的拥护与转换性确认，从作为执政党的合作、协力对象角度出发，尝试推动执政党在“结构性变化和功能性调整方面的适应性发展”①。“《中国共产党章程》在‘总纲’中对四项基本原则的属性、内涵与基本要求予以了反复宣示，各民主党派章程则就该类公约性事项予以了延伸式阐明”②，各民主党派章程分别从理论指引、实践道路与历史总结这三个方面明晰了“四项基本原则奠定了中国社会主义改革的政治基础”③ 的适应确认原则要求。

### （一）四项基本原则的理论指引规范事项

该类规范事项旨在通过原则宣示性规定，围绕“坚持四项基本原则”这一基石事项，来确认其作为团结共识的属性指引，并厘清其定位于动力基础的特征指引。例如，八个民主党派章程④ 皆通过各自的

---

① 唐长久：《政党适应性理论的民主党派组织发展界别特色问题研究》，《求索》2013年第5期。

② 赵谦：《共识凝聚：依宪执政领导条款的政治事项论》，《西南民族大学学报（人文社会科学版）》2021年第4期。

③ 刘艳、王涛：《〈坚持四项基本原则〉的形成与历史地位》，《当代中国史研究》2015年第2期。

④ 《中国民主同盟章程》，中国民主同盟网，2022年12月22日，http://www.dem-league.org.cn/mmgk/zhangcheng/15673.aspx；《中国国民党革命委员会章程》，中国国民党革命委员会中央委员会网，2017年12月23日，http://www.minge.gov.cn/n1/2017/1123/c415521-29663888.html；《中国民主促进会章程》，中国民主促进会网，2022年12月19日，https://www.mj.org.cn/mjgk/mjzc/202301/t20230128_274108.htm；《中国民主建国会章程》，中国民主建国会网，

“属性”定位，来确认四项基本原则在民主党派与执政党长期团结合作过程中“履行职能和自身发展”① 必不可少的政治共识要义。为了确保四项基本原则在民主党派与执政党“赢得更为普遍的认同”② 前提下，并于国家、社会、公民政治生活的各个方面“稳定地、持久地发挥着作用”③，各民主党派章程分别通过“政治纲领”④、“政治准则、原则”⑤ 条款的宏观层面宣示设定，“使命、宗旨”⑥、“指导”⑦ 条款的中观层面宣示设定，“职能”⑧、“职责”⑨、“方针”⑩、“基本任务”⑪ 条款的微观层面宣示设定，来厘清其“宏观—中观—微观”的逐层量化特征表达。

基于此，各民主党派从属性与特征这两个面向皆明晰了四项基本原则的立场选择性、基础导向性、准则规程性定位。四项基本原则作为各

2017 年 12 月 25 日，https://www.cndca.org.cn/mjzy/mjgk/mjzc/1218586/index.html;《中国农工民主党章程》，中国农工民主党网，2018 年 1 月 22 日，http://www.ngd.org.cn/gs/lcdz/53689.htm;《中国致公党章程》，中国致公党网，2022 年 12 月 14 日，http://www.zg.org.cn/zgdjj/zgzg-dzc/202301/t20230129_75369.htm;《九三学社章程》，九三学社中央委员会网，2022 年 12 月 20 日，http://www.93.gov.cn/bsjs-jszc/;《台湾民主自治同盟章程》，台湾民主自治同盟网，2018 年 1 月 31 日，https://www.taimeng.org.cn/tmly/tmzc/201801/t20180131_335560.htm。

① 蔡明主编：《新世纪新阶段统一战线理论读本》，宁夏人民出版社 2006 年版，第 70 页。

② 王邦佐等编：《政治学辞典》，上海辞书出版社 2009 年版，第 21 页。

③ 陈义平、王建文：《当代中国政治文化论》，安徽人民出版社 2014 年版，第 54 页。

④ 参见《中国国民党革命委员会章程》《中国民主促进会章程》《中国民主建国会章程》《中国致公党章程》。

⑤ 参见《台湾民主自治同盟章程》。

⑥ 参见《中国民主同盟章程》。

⑦ 参见《九三学社章程》《台湾民主自治同盟章程》。

⑧ 参见《中国国民党革命委员会章程》《中国民主促进会章程》《中国农工民主党章程》《台湾民主自治同盟章程》。

⑨ 参见《台湾民主自治同盟章程》。

⑩ 参见《中国民主促进会章程》《中国民主建国会章程》《中国农工民主党章程》。

⑪ 参见《中国农工民主党章程》《中国致公党章程》《九三学社章程》。

民主党派与执政党实现合作的政治基础，各民主党派应依循所涉理论指引来凸显其发挥监督作用、实现政治监督的原则要求，明确其协力保卫国家安全、维护社会安定团结的责任要求，厘清其推进民主协商、强化对口联系交流的沟通要义，健全其自身领导班子建设、党员队伍教育培训的发展规程。

### （二）四项基本原则的实践道路规范事项

该类规范事项旨在通过自我约束式规定，主要围绕民主党派自身的组织建设，从政治方向、政治责任和政治能力这三个方面来明晰其践行宗旨。例如，各民主党派章程分别通过“建设目标”①、“实现进路”②条款的约束定性规定，具体列明了坚定方向的实施准则要义、履行责任的实施内容要义与提升能力的实施进路要义。

基于此，应切实推进四项基本原则在民主党派自身组织建设方面的践行与实施。首先，在方向准则维度，有必要在不断“调整自身的结构与功能”③ 过程中，始终与执政党保持高度一致，凸显把握政治大局意识，通过提高政治判断力、领悟力和执行力的结构性要求，来切实坚定自身的政治方向。其次，在责任内容维度，有必要在“积极开发和利用现有制度资源，形成有效的社会利益整合机制”④ 过程中，围绕强化与执政党合作共事能力的宗旨定位，来健全立足于相互信任前提下的

① 参见《中国民主同盟章程》。

② 参见《中国民主促进会章程》《中国民主建国会章程》《中国农工民主党章程》《中国致公党章程》《九三学社章程》。

③ 魏晓文、王剑峰：《略论执政党建设与参政党建设的相互促进》，《中共福建省委党校学报》2006 年第 11 期。

④ 但彦铮：《论民主党派的政治参与功能与自身建设》，《中央社会主义学院学报》2007 年第 1 期。

党际沟通机制，并从政治、责任与实践意识等方面入手来积极改善政治协商、参政议政与民主监督素质水平，以有效履行自身的政治责任。最后，在能力进路维度，有必要围绕民主党派作为一种“领导和整合社会的政治资源”[①] 考量，从问题聚焦的凝练、调查研究的推进、集智聚力的审思等方面来切实提升其参政议政能力，并从协作共谋发展、相互支持配合、达成有效共识等方面来强化其接受领导、通力合作的水平。

### （三）四项基本原则的历史总结规范事项

该类规范事项旨在通过现实检验性规定，来固化其置于经验与规律维度的选择必然性。例如，各民主党派章程分别通过“最根本历史经验”[②]、“优良传统”[③] 条款的检验评判规定，系统阐明四项基本原则的科学论断特质与规律共识内涵。

一方面，就科学论断而言，应置于民主党派与执政党实现合作、协力的交往场域来解构该类特质。坚持执政党的领导是成就各民主党派属性定位的首要原则；坚持社会主义道路应结合各民主党派的主要作用场域，聚焦于“共同思想政治基础就是中国特色社会主义”[④] 所表征的中国特色政治发展面向；坚持马克思列宁主义、毛泽东思想则有必要置于中国特色社会主义理论体系中来与时俱进地充实和体系化阐明；坚持人民民主专政作为凸显实践性的论断表达即需依托多党合作和政治协商制度，围绕社会主义和谐政党关系，通过有效地参政议政、切实推动国家

---

① 林尚立：《政党制度与中国民主：基于政治学的考察》，《武汉大学学报（哲学社会科学版）》2010 年第 3 期。

② 参见《中国国民党革命委员会章程》。

③ 参见《中国民主促进会章程》。

④ 《习近平同党外人士共迎新春》，《人民日报》2013 年 2 月 8 日。

决策的科学化、民主化来实现具象化表达。

另一方面，就规律共识而言，应基于充分认识社会发展规律并尊重执政党长期执政的历史选择前提，围绕“形成强大的政治凝聚力”① 考量来予以系统诠释。接受执政党的领导是经过社会主义革命和建设事业实践检视的逻辑起点性共识；坚持爱国、民主即是践行各民主党派功能定位的方向保障性共识；坚持团结、求实、科学、为公等个殊化传统凝练则是民主党派结合各自联系、发展对象的特点与发挥不同独特作用的优势手段性共识。

## 第二节　创新形式维度思想领导规范的制定权限范围

探究该类思想领导规范的制定权限范围即是围绕所涉思想的不同传播途径与方式来具体明晰相应的宣示性遵守规范事项，以通过推动“创新马克思主义大众化形式”② 来厘清思想整合的手段形式。党章总纲部分的党的建设第二项基本要求规定，即特别凸显了思想整合的“实践”性创新形式要义。有必要从“把活动作为马克思主义大众化的载体”③ 角度出发，来具体探究教育培训、组织学习与积极履职这三类主要的思想整合创新实践。

---

① 任晓伟：《延安时期思想建党和制度治党紧密结合的历史经验》，《中国特色社会主义研究》2016 年第 5 期。

② 王国炎：《当代中国马克思主义大众化的实践路径探析》，《马克思主义研究》2009 年第 3 期。

③ 王萍霞：《载体形式：马克思主义大众化的重要平台》，《理论探索》2010 年第 4 期。

## 一、教育培训式思想整合规范的专业性事项范围

该类思想整合创新实践旨在基于教育培训“内容的时代性、鲜活性和时效性”① 考量，来切实提升党员“思想政治素质、科学文化素质、工作本领”② 所表征的专业能力。有必要从目标预设、功能定位和管理指南这三个方面，尝试确立“‘全过程、系统性、整体性’的教育培训体系”③。

### （一）教育培训的目标预设规范事项

该类规范事项旨在基于“增强党的创造力、凝聚力、战斗力”④ 的教育培训实效考量，来明晰所涉教育培训的具体目标。应围绕《中国共产党党员教育管理工作条例》第 3 条之“政治合格、执行纪律合格、品德合格、发挥作用合格”的方向性设定，从静态意义的“优化党员队伍结构”⑤ 和动态意义的“推进新形势下党员行为规范建设”⑥ 这两个方面具体展开。

一方面，就静态意义的队伍结构目标而言。例如，党章在总纲部分

---

① 李秋夫、张立红：《当前高校党员教育的特点与路径探析》，《学校党建与思想教育》2009 年第 7 期。

② 《习近平谈治国理政》第一卷，外文出版社 2018 年版，第 105 页。

③ 刘洁、杨连生、毕明树：《新形势下高校学生党员教育培训体系的构建》，《思想理论教育导刊》2014 年第 12 期。

④ 《中共中央印发〈关于加强党内法规制度建设的意见〉》，共产党员网，2017 年 6 月 25 日，https://news.12371.cn/2017/06/25/ARTI1498388905892459.shtml。

⑤ 胡锦涛：《坚定不移沿着中国特色社会主义道路前进　为全面建成小康社会而奋斗》，《人民日报》2012 年 11 月 18 日。

⑥ 黄远志：《论党员行为规范与党风廉政建设》，《江汉论坛》2004 年第 10 期。

确立了“学习型、服务型、创新型”的执政党建设目标，并在第 35 条进一步厘清了“革命化、年轻化、知识化、专业化”的干部队伍培养目标。基于此，应立足于充分彰显党员先锋表率效应的“引领性和原发性治理作用”[①] 考量，从党建队伍统领和干部结构规划这两个方面来“增强党性、提高素质”，“健全党员立足岗位创先争优长效机制”与“能进能出机制”[②]。

另一方面，就动态意义的行为规范目标而言。例如，党章在总纲部分明晰了“自我净化、自我完善、自我革新、自我提高”的执政党行为约束目标。基于此，应立足于切实提升相应的科学决策、政治建设“方向把控与风险防范”[③] 能力考量，围绕“管束、支配、引导和调节”[④] 党员行为，来具体预设各种型式化的行为准则。

## （二）教育培训的功能定位规范事项

该类规范事项旨在基于厘清教育培训在所涉“社会治理结构和法治结构中的地位、作用及其相互关系”[⑤] 考量，来明晰所涉教育培训的不同功能要义。应围绕《中国共产党党员教育管理工作条例》第 2 条之“党的建设基础性经常性工作”的原则定性，从《干部教育培训工

---

① 赵谦：《共识凝聚：依宪执政领导条款的政治事项论》，《西南民族大学学报（人文社会科学版）》2021 年第 4 期。

② 参见胡锦涛：《坚定不移沿着中国特色社会主义道路前进　为全面建成小康社会而奋斗》，《人民日报》2012 年 11 月 18 日。

③ 何丽君：《党的政治领导：内涵、要义与能力提升》，《中国浦东干部学院学报》2018 年第 6 期。

④ 李乐刚：《论构建完备的共产党员行为规范体系》，《中州学刊》2003 年第 6 期。

⑤ 刘作翔：《当代中国的规范体系：理论与制度结构》，《中国社会科学》2019 年第 7 期。

作条例》第 2 条和《2018—2022 年全国干部教育培训规划》确立的“先导性、基础性、战略性工程”面向具体展开。

其一，就党建的智识先导功能而言。该类功能要义旨在厘清所涉教育学风建设作为推动党的建设之先导性工具的特征表达。例如，《中国共产党党员教育管理工作条例》第 8 条明确了“把自己摆进去、把职责摆进去、把工作摆进去”的学习精神与态度要求，并初步厘清了“全面学、系统学、贯通学、深入学、跟进学”的学习方法指引。基于此，应依循“用新的思路、举措、办法解决新的矛盾和问题”① 的方向性考量，从改善党员能力训练所需学习效率的环境氛围要件角度，围绕切实“提高党员政治素质，始终保持党员队伍先进性”② 目标来针对性强化所涉教育学风建设。

其二，就党建的载体基础功能而言。该类功能要义旨在明晰所涉培训对象目标作为实施党的建设之承担载体的属性定位。例如，《干部教育培训工作条例》第 2 条大体明晰了“思想政治保证、人才保证和智力支持”这三个方面的培训效力指向与作用定位。基于此，应依循“党员质量直接决定着党的建设质量”③ 的原则性考量，从促进全党在完成使命担当“行动上的自觉”④ 角度，围绕所涉党员载体来设定个殊化的培训对象目标并明确相应的党员培训效用目标。

其三，就党建的战略方向功能而言。该类功能要义旨在凸显所涉可

---

① 习近平：《在全国组织工作会议上的讲话》，人民出版社 2018 年版，第 16 页。

② 耿显榜：《新形势下加强党员教育培训工作若干问题的思考》，《中州学刊》2008 年第 4 期。

③ 赵付科：《习近平关于党的建设质量重要论述的理论特质》，《思想理论教育导刊》2019 年第 9 期。

④ 徐立恒、谢小同：《新时代党员教育培训工作如何强化思想入党》，《人民论坛》2020 年第 1 期。

期性、成长性教育培训对党的建设未来发展方向的指引。例如，《2018—2022年全国干部教育培训规划》明确了“建立健全习近平新时代中国特色社会主义思想学习教育长效机制”的战略方向定位，并从“脱产学习进修、在职自学、理论学习考核激励”等方面厘清了实现发展提升的主要举措。《中国共产党党员教育管理工作条例》第7条则围绕“集中教育和经常性教育相结合，组织培训和个人自学相结合，集中轮训、党委（党组）理论学习中心组学习、理论宣讲、组织生活、在线学习培训”等事项对相应的教育培训方式予以了列明。基于此，应依循“思想理论是灵魂，制度建设是保障”① 的宏观站位考量，从凸显“党员教育管理的针对性和有效性”② 角度，来积极推进实现党员个体成长与党组织可持续发展相协调的可期性、成长性教育培训。

### （三）教育培训的管理指南规范事项

该类规范事项旨在基于厘清教育培训相关“引领性组织章程、静态组织结构与动态运行机制”③ 的活动指引考量，来明晰所涉教育培训的培训内容、培训方式、培训机构、培训对象和考核评估等管理规程。应围绕《中国共产党党员教育管理工作条例》《干部教育培训工作条例》和《2018—2022年全国干部教育培训规划》的相关规定，从实体要素和过程控制这两个方面具体展开。

一方面，就实体要素指引而言。其一，基础与重点相结合的培训内

① 习近平：《在全国组织工作会议上的讲话》，人民出版社2018年版，第4页。

② 习近平：《决胜全面建成小康社会　夺取新时代中国特色社会主义伟大胜利》，《人民日报》2017年10月28日。

③ 赵谦、余月：《系统、成员与风险控制：党内法规制定权限的组织行为论》，《四川师范大学学报（社会科学版）》2021年第3期。

容要素。例如，《中国共产党党员教育管理工作条例》的第 2 章和第 3 章具体梳理了围绕习近平新时代中国特色社会主义思想和政治理论、党章党规党纪、党的宗旨、革命传统、形势政策、知识技能所设置的基础知识事项。《干部教育培训工作条例》第 4 章则进一步明确了围绕党性、宪法法律和党内法规、总体国家安全观、新知识新技能、综合素质所设置的强化性重点知识事项。其二，常态化与多类型相衔接的培训方式要素。例如，《中国共产党党员教育管理工作条例》第 16 条将“三会一课”和“集中学习、过组织生活、进行民主议事和开展志愿服务”分别设定为常态化的学习交流方式与思想检视、提升方式。此外，《干部教育培训工作条例》第 24 条还围绕“脱产培训、党委（党组）中心组学习、网络培训、在职自学”等方式列明了集中型与分散型、讲授型与体验型、主动式与被动式相结合的渠道路径。基于此，应立足于“理论教育和党性教育”[①] 的培训内容基调定性，依循切实提升党员“内在蕴含的生命力、对内开展党内活动、对外处理与群众关系的能力”[②] 并加强党性修养的培训方式选择考量，来细化该类实体要素指引规程的内容、方式事项设置，以积极改善党员干部笃信践行执政理念的“心理态度和精神状态”[③]。

另一方面，就过程控制指引而言。其一，主体与协同相统一的培训机构控制。例如，《中国共产党党员教育管理工作条例》第 4 章围绕党

① 习近平干部教育培训思想研究课题组：《习近平干部教育培训思想对党的干部教育培训理论的继承和创新》，《求实》2015 年第 7 期。

② 王同昌：《基层党组织组织力提升面临的挑战及路径选择》，《中州学刊》2018 年第 8 期。

③ 贾雪丽、杨瑞萍：《党的十八大以来共产党员理想信念教育研究综述》，《思想教育研究》2018 年第 11 期。

支部、基层党组织、基层党委作为教育培训活动的组织者予以了基础定性，并在第 20 条将“县级党校（行政学校）、基层党校”确立为教育培训活动的“主要依托”。《干部教育培训工作条例》第 31 条和第 32 条则进一步强调了“党校、行政学院、干部学院和社会主义学院”的教育培训“主渠道、主阵地”定位，并明晰了“符合条件的高等学校、科研院所、社会培训机构”基于委托的辅助、协作功能。其二，普适与定向相结合的培训对象控制。例如，《中国共产党党员教育管理工作条例》第 4 条强调要“尊重党员主体地位”，从而确立了教育培训的普适对象。《2018—2022 年全国干部教育培训规划》则进一步明晰了定向针对“党政领导班子成员、机关公务员、企业领导人员、事业单位领导人员、专业技术人员、年轻干部、基层干部”的分类分级培训体系事项。其三，组织化与个体化相协调的考核评估控制。例如，《中国共产党党员教育管理工作条例》第 43 条从组织化运营考核角度，将党员教育管理确立为基层党建工作述职评议考核和上级党组织开展年度考核和任期考核的重点事项。《干部教育培训工作条例》第 52 条则从个体化发展考核角度，将“接受教育培训情况”设定为干部任职、晋升考核的核心事项，并通过第 8 章就相关教育培训考核的内容、方式、程序与评估等事项予以了全面规定。基于此，应依循确保所涉教育培训工作置于“制度化、规范化、程序化”[①] 规则体系中的运行实效考量，来明晰该类过程控制指引规程的“统筹协调操作规程设定”[②] 与“科学化和

---

① 韩强：《对建立和完善党政领导干部考核评价指标体系的若干思考》，《政治学研究》2003 年第 4 期。

② 赵谦、陈祥：《领导小组功能适当化：高标准农田建设机构建制条款的规范要义》，《中国土地科学》2019 年第 3 期。

精细化”[①] 行为准则表达。

## 二、组织学习式思想整合规范的普及性事项范围

该类思想整合创新实践旨在充分彰显组织学习“在政府与群众之间的桥梁和纽带作用”[②]，通过普及反映客观事物和实际需要的科学理论，依托群团组织来“影响群众的思想，指导和推动群众的社会实践”[③]。有必要从目标预设、知识结构和方式类型这三个方面，尝试促进“马克思主义理论转化为改变世界的物质力量”[④]。

### （一）组织学习的目标预设规范事项

该类规范事项旨在立足于群团组织作为主权享有者意志与利益表达载体渠道的属性定位，来尝试推动实现“为政治价值和政治理想重构当代中国的政治认同”[⑤]。有必要围绕“贯彻—加强—贯穿”的方向性指引来实现清晰的三阶目标设定。

其一，就学习贯彻式初阶目标而言。例如，《中国工会章程》第4条、《中华全国妇女联合会章程》第1条、《中国科学技术协会章程》第8条皆强调了引导成员“学习贯彻习近平新时代中国特色社会主义

---

① 罗中枢：《党政领导干部的分类选用、考核和管理探析》，《四川大学学报（哲学社会科学版）》2012年第1期。

② 朱光磊：《全面深化改革进程中的中国新治理观》，《中国社会科学》2017年第4期。

③ 骆郁廷：《思想政治教育的本质在于思想掌握群众》，《马克思主义研究》2012年第9期。

④ 余斌：《试论思想政治教育的目的、本质、原则和方法》，《中国高等教育》2011年第7期。

⑤ 包心鉴：《论当代中国的政治认同》，《思想理论教育》2014年第9期。

思想”之针对执政党指导思想和路线方针政策的理念凝聚式学习。基于此，应依循彰显“大政方针、路线政策、发展战略、法律体系、价值选择等在国家建构和国家治理中的重要地位”① 的目标考量，尝试通过明晰组织成员建设国家、实现民族复兴的共同理想，来推动确立科学理论真正“为人民所掌握、所遵守、所运用”② 效应下的自身切实行动指南。

其二，就加强工作式进阶目标而言。例如，《中国共产主义青年团章程》总纲部分、《中国工商业联合会章程》第 1 条皆明确了以系统化的政治教育内容来“加强思想政治工作”的体系强化式学习。基于此，应依循强调基于“目标的合法性解释与合理性解释方面来构建心理认同”③ 的目标考量，尝试从所涉思想品德形成、变迁与教育维度，来激发组织成员为共同事业奋斗的热情，以切实致力于相关“跨域公共问题协同治理中各要素、各系统、各部门协同增效”④。

其三，就全程贯穿式高阶目标而言。例如，《中国共产主义青年团章程》总纲部分提出了要“把思想政治工作贯穿所开展的全部工作”之针对全部本职工作的过程渗透式学习。基于此，应依循凸显群团组织作为“党整合社会的组织机制”⑤ 效用的目标考量，尝试厘清所

---

① 马德普：《“政治”概念的重述与政治学问题意识的转换》，《天津社会科学》2020 年第 2 期。

② 张文显：《新时代全面依法治国的思想、方略和实践》，《中国法学》2017 年第 6 期。

③ 赵谦：《共识凝聚：依宪执政领导条款的政治事项论》，《西南民族大学学报（人文社会科学版）》2021 年第 4 期。

④ 周伟：《跨域公共问题协同治理：理论预期、实践难题与路径选择》，《甘肃社会科学》2015 年第 2 期。

⑤ 林尚立：《基层组织：执政能力与和谐社会建设的战略资源》，《理论前沿》2006 年第 9 期。

涉公共职能规范内“清晰、严密、完整的逻辑结构”[①]，以为后续铺开面向相关“宏观抽象问题和微观具体问题”[②]的学习、检视奠定必要的能力基础。

### （二）组织学习的知识结构规范事项

该类规范事项旨在针对群团组织内部建设存在的“‘空壳化’、‘空转’现象”[③]，而尝试立足于执政党个体化学习和组织化学习的六类基准知识要素，来厘清群团组织实现自身专业化、实效化发展所需的个殊性知识要素。有必要围绕“价值—素质—组织”的框架性指引来实现整全的知识要素结构设定。

其一，就价值升华性知识要素而言。例如，《中华全国青年联合会章程》第2条从“学习和践行社会主义核心价值观”的角度，对所涉价值升华性知识要素予以了任务定性。基于此，应围绕旨在深化群团组织对“党的执政环境与执政能力的理解”[④]的知识要素任务定性，来有序强化该类组织在积极引导社会公众参与公共生活过程中应有的公益精神和公德意识。

其二，就素质拓展性知识要素而言。例如，《中国工会章程》第4条、《中华全国青年联合会章程》第2条皆从“科学、技术、文化、法

---

① 中央办公厅法规局法规处：《新时代党内法规制度建设的有力引擎》，《秘书工作》2019年第10期。

② 赵谦：《论党内法规制定权限的科层化事项配置》，《湖北社会科学》2021年第1期。

③ 胡献忠：《改革开放以来群团组织研究述评》，《中共云南省委党校学报》2015年第5期。

④ 朴林：《把握执政环境与提高党的执政能力》，《当代世界与社会主义》2004年第6期。

律”等方面确立了所涉素质拓展性知识要素的学习架构。基于此，应围绕旨在提升群团组织成员“资源整合变革与调整”① 能力的知识要素学习架构，通过必要的个体化设定，来为解决组织冷漠、发挥组织效能、走向良性自治，提供导向“政策一统性和执行灵活性”② 平衡的智识要件。

其三，就组织存续性知识要素而言。例如，《中国工会章程》第 4 条、《中华全国台湾同胞联合会章程》第 3 条，分别从“学习工会基本知识”的专业要素角度和“了解政府的方针政策和台湾局势”的形势要素角度，对所涉组织存续性知识要素予以了方向性梳理。基于此，应围绕认同、接纳“利益主体的多元化、社会成员的个性化”③ 等多元社会结构所生成之异质性知识需求的知识要素方向性梳理，来积极推进群团组织在“对人们的政治活动进行规范和导向，使之为实现和促进人类幸福服务”④ 的过程中逐步健全从主体到行动、从边缘到中心的体系化知识结构。

### （三）组织学习的方式类型规范事项

该类规范事项旨在厘清群团组织展开基准知识要素和个殊性知识要素学习的方法和形式，以促进其与执政党之间达致“最大限度的认知

---

① 岳嵩、邱实：《国家治理现代化视阈下中国共产党执政理念创新》，《南京师大学报（社会科学版）》2016 年第 5 期。

② 周雪光：《基层政府间的“共谋现象”——一个政府行为的制度逻辑》，《社会学研究》2008 年第 6 期。

③ 罗豪才、宋功德：《和谐社会的公法建构》，《中国法学》2004 年第 6 期。

④ 周鸿雁：《探寻权力的合理性：构建政治伦理学导论》，《江汉论坛》2005 年第 8 期。

交集以成就共同的行动指南"①。有必要围绕"引导—鼓励"的双轨化指引来设定有序、高效的学习方式类型。

一方面，就被动引导型学习方式而言。例如，《中华全国归国华侨联谊会章程》第1条、《中国科学技术协会章程》第8条皆从"引导学习"的角度，对该类被动型学习方式予以了任务定性。基于此，应围绕在组织体的整体指导与遵循氛围中促进践行相应政治职责的学习方式任务定性，通过更多地依靠所涉群团组织"组织、宣传、凝聚、服务群众"② 等外在规训机制，来切实发挥"协商体制原有的凝聚共识功能"③，以持续性培养、充实和提高组织成员的专业化知识水平与能力。

另一方面，就主动鼓励型学习方式而言。例如，《中华全国青年联合会章程》第2条从"鼓励青年学习"的角度，对该类主动型学习方式予以了任务定性。基于此，应围绕激发组织内部的成员自我驱动机制的学习方式任务定性，通过更多地发挥所涉群团组织成员在增强"公民参与社会治理可能性"④ 过程中的学习主动性和积极性，来确立一种"国家主导和公众全方位参与相结合的方式"⑤，以尝试建构一种组织体自我运行、自我完善、自我发展的理想存续状态。

---

① 赵谦：《论协商民主下依宪执政的共同体属性》，《河北法学》2017年第7期。

② 薛小荣：《对新时代提升"两新"组织党建组织力的新思考》，《毛泽东邓小平理论研究》2017年第12期。

③ 马一德：《论协商民主在宪法体制与法治中国建设中的作用》，《中国社会科学》2014年第11期。

④ 林莉、刘祖云：《政府与公民关系的组合模式：一种逻辑分析的进路》，《理论探讨》2010年第3期。

⑤ 罗豪才、宋功德：《和谐社会的公法建构》，《中国法学》2004年第6期。

## 三、积极履职式思想整合规范的协商性事项范围

该类思想整合创新实践旨在切实保障“中国特色政党制度的良性运行”①，通过有效提升积极履职所需思想认识水平和参政意识，在协商民主过程中来推动各民主党派充分发挥“所从事领域和专业方面的优势和特长”②。有必要从目标预设和功能定位这两个方面，尝试达致“政党职能履行的制度化、规范化、程序化建设”③。

### （一）积极履职的目标预设规范事项

该类规范事项旨在立足于民主党派作为一种合理表达利益诉求的组织形式定位，尝试在所涉公共事务决策、执行与监督过程中，切实彰显“保障社会共同体成员的广泛和直接参与、保证国家和社会的全面和有效监督”④ 之协作共识效应。有必要围绕“维护稳定—推动建设—建立现代化强国”的层级式指引来实现清晰的三阶目标设定，以确立“最大限度地发挥公共权力为人民服务的效能”⑤ 之方向共识。

其一，就稳定型初阶目标而言。例如，《中国民主同盟章程》第 4 条、《中国致公党章程》总纲部分皆从“维护团结稳定或安定团

① 谢小飞：《关于中国参政党能力提升的若干思考》，《理论学刊》2016 年第 3 期。

② 王小鸿：《论新世纪参政党的职能》，《中央社会主义学院学报》2004 年第 5 期。

③ 曹蓉：《中国特色政党制度功能与价值的实现途径》，《中央社会主义学院学报》2010 年第 1 期。

④ 参见姜明安：《软法的兴起与软法之治》，《中国法学》2006 年第 2 期。

⑤ 李涛、王新强：《协商民主、选举民主与民主政治建设》，《政治学研究》2014 年第 3 期。

结”的精神凝聚角度，来尝试“促进社会和谐或构建和谐社会”，从而大体明确了“团结—和谐”式初阶目标任务定性。基于此，应依循旨在践行民主党派与执政党之间“互助化关系存续属性”[①] 的目标任务定性，通过“在道德精神和法律理性的基础上得以和平解决和缓和的秩序”[②] 对象或目的表达，立足于“科学化与程序化原则”[③] 的统一指导，来尝试确立一种能够促进各类社会矛盾和冲突达成初步共识的秩序状态。

其二，就建设型进阶目标而言。例如，《中国民主促进会章程》和《中国民主建国会章程》皆在总纲部分具体列明了横截面维度之“经济建设、政治建设、文化建设、社会建设、生态文明建设”的领域性目标和纵深维度之“全面建成小康社会、全面深化改革、全面依法治国、全面从严治党”的结构性目标，从而系统阐明了“总体—战略”式进阶目标布局事项。基于此，应依循旨在彰显民主党派践行执政党执政理念之“辐射作用效应”[④] 的目标布局事项，针对“由规制对象对自身施加命令和结果”[⑤] 的行为指引，通过“明晰党情、世情、国情，明白国际和国内状况”[⑥] 的举措性表达，来为后续深化中国特色政党协作的制度事项与载体形式夯实方向基础。

---

① 赵谦：《论协商民主下依宪执政的共同体属性》，《河北法学》2017 年第 7 期。

② 张文显：《法治与国家治理现代化》，《中国法学》2014 年第 4 期。

③ 参见刘作翔：《关于社会治理法治化的几点思考——“新法治十六字方针”对社会治理法治化的意义》，《河北法学》2016 年第 5 期。

④ 赵谦：《论协商民主下依宪执政的共同体属性》，《河北法学》2017 年第 7 期。

⑤ ［英］罗伯特·鲍德温、［英］马丁·凯夫、［英］马丁·洛奇编：《牛津规制手册》，宋华琳、李鸻、安永康、卢超译，上海三联书店 2017 年版，第 167 页。

⑥ 应松年：《加快法治建设促进国家治理体系和治理能力现代化》，《中国法学》2014 年第 6 期。

其三，就强国型高阶目标而言。例如，《中国民主促进会章程》和《中国民主建国会章程》在总纲部分围绕“富强民主文明和谐美丽的社会主义现代化强国”表达，大体确立了“事项—方向”式高阶目标的奋斗定位。基于此，应依循最大限度地发挥民主党派基于“对其参政党角色及其参政党活动规律的深刻认识和把握”① 所彰显的“为社会主义服务的政党”② 效用之目标奋斗定位，在强化“国家政策和决策的人民性价值取向”③ 基础上，通过社会主义现代化奋斗目标的具象化阐明，来逐步“确立和夯实现代国家治理有效性的基点，提升国家治理效能”④。

## （二）积极履职的功能定位规范事项

该类规范事项旨在立足于民主党派与执政党实现通力合作、共同致力事业建设的参政党属性，尝试保障民主党派“以政权为中心寻求和实现自己的符合时代潮流的政治价值”⑤ 之合法、正当、合理诉求。有必要围绕政治协商、民主监督、参政议政这三类主要职能来明晰彰显“应有的开放性与羁束性之间平衡”⑥ 的功能定位，以有序推动其在“制度形式规范化和程序化”⑦ 过程中的行动实践。

---

① 刘雪岩：《论参政党的政党意识》，《中央社会主义学院学报》2008 年第 2 期。

② 梅国祥：《浅论新时期党对民主党派的基本方针》，《苏州大学学报（哲学社会科学版）》1986 年第 2 期。

③ 孙存良：《新中国 70 年协商民主建设的历程、经验和展望》，《新疆师范大学学报（哲学社会科学版）》2020 年第 5 期。

④ 夏志强：《国家治理现代化的逻辑转换》，《中国社会科学》2020 年第 5 期。

⑤ 唐长久、左建英：《新世纪新阶段民主党派政治价值刍议》，《湖北省社会主义学院学报》2014 年第 5 期。

⑥ 赵谦、余月：《位阶与主体：党内法规制定权限的规范内涵论》，载周叶中主编：《党内法规理论研究》2021 年第 1 辑，法律出版社 2021 年版，第 150 页。

⑦ 王学俭、杨昌华：《协商民主制度化的价值、问题及路径探析——以国家治理现代化为视角》，《湖南师范大学社会科学学报》2014 年第 5 期。

其一，就协商型功能而言。例如，《九三学社章程》和《中国民主建国会章程》皆在总纲部分具体列明了“广泛、多层、制度化”之横向规模、纵向质量与规范体系的协商民主发展目标事项。《九三学社章程》在总纲部分还进一步厘清了指向“党和国家重大方针政策和重要事务”的协商事项，施行于“决策之前和决策实施过程中”的协商阶段，适用“会议、约谈、书面等形式”的协商方法。基于此，应围绕“强调对话、讨论、辩论、审议与共识”① 的政治协商事项功能定位，通过明晰友好“党际关系的政治准则”② 下的行为指导，来切实发挥“体制内组织深度介入和直接参与到国家政权建设和公共政策过程之中”③ 推进政治决策科学化、民主化与有序贯彻落实的运行功效。

其二，就监督型功能而言。例如，《九三学社章程》在总纲部分将“坚持四项基本原则”设定为实施监督的逻辑前提，将“国家宪法和法律法规的实施情况，中国共产党和政府重要方针政策的制定和贯彻执行情况，中共党委依法执政及党员领导干部履行职责、为政清廉等方面的情况”分别设定为在规范创设、执行与行权集体、个体自我约束方面实施监督的事项内容，将“提出意见、批评、建议的方式进行政治监督”设定为实施监督的诉愿式手段与权力型面向。基于此，应围绕引导“主体积极主动地展开自我规制”④ 与“由里及表地生成辐射作用效

---

① 陈家刚：《协商民主与政治协商》，《学习与探索》2007 年第 2 期。

② 徐育苗：《论当代中国政党制度的主要特色》，《社会主义研究》2001 年第 3 期。

③ 黄天柱：《参与性政策主体：民主党派在中国公共政策过程中的制度定位新探》，《政治学研究》2013 年第 2 期。

④ 高秦伟：《社会自我规制与行政法的任务》，《中国法学》2015 年第 5 期。

应"[①] 之层级式结构管理的民主监督事项功能定位，通过依托执政党政治领导、思想领导下的行为规范属性识别与行为规则约束，来切实"增强各民主党派的参政能力以及提高共产党执政能力"[②]。

其三，就参与型功能而言。例如，《九三学社章程》在总纲部分将"经济建设、政治建设、文化建设、社会建设和生态文明建设中的重要问题以及人民群众普遍关心的其他问题"分别设定为在重要建设和民生关切方面参政议政的事项内容，将"深入调查研究，通过调研报告、提案、建议案、社情民意或其他形式，向中国共产党和国家机关提出意见和建议"设定为参政议政的实证手段、表达对象与表达载体形式。《中国国民党革命委员会章程》在总纲部分还列明了"创新、协调、绿色、开放、共享"的参政议政实践理念，以凸显其作为"参政议政的渠道和延伸"[③] 的社会服务效应。基于此，应围绕促进社会主义民主建设中"广泛多层主体结构和立体多维内容结构的建构"[④] 的参政议政事项功能定位，通过推动党和政府决策"充分反映人民的意志和各方面的合理要求，在各种重大问题的决策上更加民主和科学"[⑤]，来凸显"中国新型政党制度的比较优势和制度效能"[⑥]。

---

① 赵谦：《论协商民主下依宪执政的共同体属性》，《河北法学》2017 年第 7 期。

② 程竹汝：《中国共产党领导的多党合作和政治协商制度基本理论问题思考》，《政治学研究》2011 年第 2 期。

③ 焦平生：《新世纪新阶段民主党派社会服务的理性思考》，《中国统一战线》2005 年第 10 期。

④ 魏晓文、苏杭：《国家治理视域下民主党派民主监督问题探析》，《中国特色社会主义研究》2015 年第 6 期。

⑤ 庄聪生：《协商民主：中国特色社会主义民主的重要形式》，《马克思主义研究》2006 年第 7 期。

⑥ 钟德涛：《中国共产党的百年奋斗和中国新型政党制度的创立发展》，《华中师范大学学报（人文社会科学版）》2021 年第 3 期。

## 第三节　载体平台维度思想领导规范的制定权限范围

探究该类思想领导规范的制定权限范围即是围绕所涉思想的沟通交流载体来具体明晰相应的指南性认同、遵守规范事项，以通过作为“爱国统一战线组织框架体系”① 的政治协商机制，来实现面向各类利益需求与观点表达的充分“联谊、咨询建言、代表、‘吹风’、监督”②，从而厘清思想整合的沟通交流平台。思想整合所涉“党的领导不是抽象的”③，应通过该类平台将具有“外部效力”④ 的执政党思想领导活动予以要素载体化，进而切实推动“自觉维护党中央权威和集中统一领导，自觉在思想上、政治上、行动上同党中央保持高度一致”⑤ 等纲领式原则宣示，逐步落实为指南性的制度表达。有必要从“组织系统统一体”⑥ 维度的平台建制和“组织成员自生性、组织风险控制”⑦ 维度的平台运营这两个方面，来阐明并强化相应思想整合平台的协商沟通、交流事项。

---

① 阿力木·沙塔尔、胡弘弘：《“爱国统一战线”的规范意义及规范体系构建》，《社会主义研究》2019 年第 3 期。

② 范忠信、王亦白：《论人民政协的民意机关化与法制化》，《法商研究》2001 年第 6 期。

③ 裴泽庆：《深刻把握坚持和加强党的全面领导的五个维度》，《探索》2019 年第 2 期。

④ 刘飞、谭达宗：《内部行为的外部化及其判断标准》，《行政法学研究》2017 年第 2 期。

⑤ 习近平：《决胜全面建成小康社会　夺取新时代中国特色社会主义伟大胜利》，《人民日报》2017 年 10 月 28 日。

⑥ 参见［德］尼克拉斯·卢曼：《风险社会学》，孙一洲译，广西人民出版社 2020 年版，第 270 页。

⑦ 参见［德］尼克拉斯·卢曼：《风险社会学》，孙一洲译，广西人民出版社 2020 年版，第 271—272 页。

## 一、思想整合平台建制规范的结构性事项范围

该类思想整合平台建制事项旨在凸显所涉思想整合沟通实践在沟通关系、行为维度上的结构定性。其往往从体系架构和功能目标这两方面，来明晰所涉政治协商平台作为一类动态开放式爱国统一战线组织载体，实现“依法制定、执行和发展的相关规范标准”①，并就其相关思想整合协商沟通来设定必要的载体结构规范。宪法序言中“有广泛代表性的统一战线组织”的属性定位，与党章总纲中“中国共产党领导的多党合作和政治协商制度；推进协商民主广泛、多层、制度化发展”的制度平台纲领性规定，一并确立了平台建制的四项原则。即以执政党领导为逻辑前提，以成员结构的广泛性、多层性为基本手段，以制度化组织为根本保障，以确保统一战线代表性为终极目的。基于此，《中国人民政治协商会议章程》② 就该类原则事项予以了较为系统、全面的具象化规定，尝试在所涉制度平台的稳定化、规范化与调适化的发展过程中推动“公众异质化的利益诉求和碎片化的权利安排整合到集体行动的统一结构之中”③，从而实现彰显开放性、参与性的政治协商平台在“组织结构惯性”④ 维度对思想整合沟通实践的结构定性指引。

---

① 马英娟：《政府监管机构研究》，北京大学出版社 2007 年版，第 32 页。

② 参见《中国人民政治协商会议章程》，中国人民政治协商会议全国委员会网，2023 年 1 月 20 日，http://www.cppcc.gov.cn/zxww/2023/03/20/ARTI679275255601112.shtml。

③ 金太军、鹿斌：《制度建构：走出集体行动困境的反思》，《南京师大学报（社会科学版）》2016 年第 2 期。

④ 孙立平主编：《社会学导论》（第 4 版），首都经济贸易大学出版社 2014 年版，第 129 页。

### （一）体系架构面向的沟通关系规范事项

该类规范事项旨在推动执政党与其他社会成员实现思想整合协商沟通所依托之政治协商平台“统一地对内和对外发挥作用”[①]。可尝试从内部结构单元与外部联系对象这两个方面，来明晰达致彼此间“理想沟通情境”[②] 的逻辑关系样态。

一方面，就内部结构单元而言。例如，《中国人民政治协商会议章程》第4条确立了实现沟通的“协商议政格局”，即“以全体会议为龙头”，辅以其他“为重点”“为常态”的会议形式。《中国人民政治协商会议章程》第46条列明了常务委员会的八类职权事项，第47条规定了主席会议的人员构成与“处理常务委员会重要日常工作”的功能事项，第49条明晰了专门委员会的权能渊源与作用定位。基于此，该类政治协商平台的内部结构单元可被界分为全体会议、常务委员会、主席会议和专门委员会这四个层面。不同层面结构单元在实现思想整合协商沟通过程中的常设化、技术化功能属性逐次增强，其在执政党与其他社会成员之间实现思想沟通的间接程度与整合实效则更为凸显。《中国人民政治协商会议全国委员会常务委员会工作规则》[③]、《中国人民政治协商会议全国委员会主席会议工作规则》[④]、《中国人民政治协商会议全国

① ［德］斐迪南·滕尼斯：《共同体与社会：纯粹社会学的基本概念》，林荣远译，商务印书馆1999年版，第52页。

② 谢立中：《哈贝马斯的“沟通有效性理论”：前提或限制》，《北京大学学报（哲学社会科学版）》2014年第5期。

③ 参见《中国人民政治协商会议全国委员会常务委员会工作规则》，中国人民政治协商会议全国委员会网，2019年3月2日，http://www.cppcc.gov.cn/zxww/2019/03/02/ARTI1551494549081528.shtml。

④ 参见《中国人民政治协商会议全国委员会主席会议工作规则》，中国人民政治协商会议全国委员会网，2019年3月2日，http://www.cppcc.gov.cn/zxww/2019/03/02/ARTI1551495197138619.shtml。

委员会专门委员会通则》①，围绕这三个层面系统单元的“制度化、规范化和程序化建设”事项分别予以了专门规定。近年来，伴随各个系统单元特别是功能属性最强、“发挥基础性作用”的专门委员会的工作任务事项调整，在深化党和国家机构改革进程中亦应有所凸显。有必要通过“组建全国政协农业和农村委员会、全国政协文史和学习委员会更名为全国政协文化文史和学习委员会、全国政协教科文卫体委员会更名为全国政协教科卫体委员会”②，来具体落实政协机构改革所涉内部建制优化、调整，从而“优化政协专门委员会设置”③，以更好地彰显其推动思想整合协商沟通的优势与作用。

另一方面，就外部联系对象而言。例如，《中国人民政治协商会议章程》第 7 条、第 10 条和第 34 条分别将“各方面人士”“国家机关和其他有关组织”“群众”设置为三个方面的外部联系对象。基于此，可考虑将“群众”定位为最广延的个体联系对象，其表征着执政党与其他社会成员通过该类政治协商平台实现思想沟通的最低资格要件与思想整合的普遍性；将“各方面人士”定位为个体定向联系对象，其表征着执政党与其他社会成员通过该类政治协商平台实现思想沟通的能力资格要件与思想整合的代表性；将“国家机关和其他有关组织”定位为组织化定向联系对象，其表征着执政党与其他社会成员通过该类政治协

---

① 参见《中国人民政治协商会议全国委员会专门委员会通则》，中国人民政治协商会议全国委员会网，2019 年 3 月 2 日，http://www.cppcc.gov.cn/zxww/2019/03/02/ARTI1551496548627798.shtml。

② 参见《深化党和国家机构改革方案》，中华人民共和国中央人民政府网，2018 年 3 月 21 日，http://www.gov.cn/zhengce/2018-03/21/content_5276191.htm。

③ 参见《中共中央关于深化党和国家机构改革的决定》，中华人民共和国中央人民政府网，2018 年 3 月 4 日，http://www.gov.cn/xinwen/2018-03/04/content_5270704.htm。

商平台实现思想沟通的实施保障要件与思想整合的实践性。强调广泛多层联系对象作为“党的群众路线在政治领域的重要体现”[①] 意义与巩固发展面向，并尝试探究“提高协商成效”[②] 的可行举措，以更好地彰显该类政治协商平台的思想整合协商沟通主渠道作用。

## （二）功能目标面向的沟通行为规范事项

该类规范事项旨在推动执政党与其他社会成员实现思想整合协商沟通所依托之政治协商平台的效能作用定位。可尝试从“外显功能与潜在功能”[③] 面向来推动“各种代表性的利益关系始终能够得到协调和保护”[④]，进而充分彰显该类政治协商平台缓解成员冲突、减轻结构压力、强化体系安全的效应。

其一，就前提性功能目标而言。例如，《中国人民政治协商会议章程》总纲第 1 自然段之“中国人民在长期的革命、建设、改革进程中，结成了由中国共产党领导的……爱国统一战线”规定和第 2 自然段之“中国共产党领导的多党合作和政治协商制度将长期存在和发展”规定；总纲第 3 自然段之“是中国共产党领导的多党合作和政治协商的重要机构”规定和第 6 自然段之“中国共产党领导的多党合作和政治协商制度是我国的一项基本政治制度……是实行中国共产党领导的多党合作和政治协商制度的重要政治形式和组织形式”规定；第 2 条

---

① 《中共中央关于全面深化改革若干重大问题的决定》，《人民日报》2013 年 11 月 16 日。

② 刘佳义：《中国式协商——论双周协商座谈会的特点和意义》，《中国政协理论研究》2016 年第 2 期。

③ ［美］罗伯特·金·默顿：《论理论社会学》，何凡兴、李卫红、王丽娟译，华夏出版社 1990 年版，第 151 页。

④ 胡筱秀：《现代国家建设视野中的人民政协制度功能变迁》，《南京社会科学》2010 年第 9 期。

“坚持中国共产党领导”之首要原则规定；第62条“一颗五角星表示中国共产党领导”之会徽寓意规定。上述外显式规定皆强调“坚持党中央权威和集中统一领导”① 前提下，执政党在思想整合沟通过程中发挥主导作用。基于此，应将执政党领导下的有效协商确立为该类政治协商平台的前提性功能目标。且有必要从历时性维度来明晰所涉效能目标的正当性表达，从制度性维度来确证所涉效能目标的属性定位，从实践性维度来厘清所涉效能目标的工作原则，从象征性维度来设定所涉效能目标的形式表征。并进一步通过“党委会同政府、政协制定年度协商计划、年度协商计划草案报党委常委会会议确定”② 等规定，来就该类效能目标予以程序性、实施性解构。

其二，就基石性功能目标而言。例如，《中国人民政治协商会议章程》第3条之“重要问题以及人民群众普遍关心的问题”规定、第30条之“在本界别中有代表性，有社会影响和参政议政能力”规定和《中国人民政治协商会议全国委员会专门委员会通则》第9条之“发挥委员在本职工作中的带头作用、政协工作中的主体作用和界别群众中的代表作用”规定。基于此，即应将其他社会成员全面参与过程中的广泛协商确立为该类政治协商平台的基石性功能目标。且有必要依循“以经济社会发展重大问题和涉及群众切身利益的实际问题为内容”③ 的方向指引，从“重要、重大”的宏观面向和“普遍关心、实际”的

---

① 孙道壮、张士海：《新时代加强党的政治建设的主要向度》，《理论学刊》2018年第3期。

② 参见《关于加强人民政协协商民主建设的实施意见》，中华人民共和国中央人民政府网，2015年6月25日，http://www.gov.cn/xinwen/2015-06/25/content_2884343.htm。

③ 《中共中央关于全面深化改革若干重大问题的决定》，《人民日报》2013年11月16日。

微观面向这两方面，来外显性列明其他社会成员的协商事项内容及其全面参与协商的“代表、影响、能力、带头、主体”方面的资格要件。

其三，就手段性功能目标而言。例如，《中国人民政治协商会议章程》总纲之“团结和民主是中国人民政治协商会议的两大主题”、“巩固和发展安定团结的政治局面”规定，第 30 条之廉洁自律的义务性规定，第 35 条之不得牟取私利的禁止性规定，第 37 条、第 38 条之违纪违法失德资格排除的惩罚性规定，第 62 条之“各阶层的大团结大联合”会徽寓意规定。基于此，应将其他社会成员全面参与过程中的整合示范确立为该类政治协商平台的手段性功能目标。且有必要就其他社会成员全面参与协商过程中的阶层整合事项予以潜在式指引。即以“安定团结政治局面”为主要整合目标，以包括“普通工人阶层、农民阶层、知识分子阶层、公务人员阶层、公有企事业管理者阶层、非公企事业主阶层、个体户阶层”① 在内的“各阶层”为整合对象，以“团结、民主、联合”为主要整合方式。此外，亦有必要就其他社会成员全面参与协商过程中的德行示范事项予以潜在式指引。即以义务性规定为主导性示范要求，以禁止性规定为辅助性示范要求，以惩罚性规定为补充性示范要求，进而在“政治吸纳视阈”② 中，通过所涉各阶层人员的不断吸纳、优化与表率，来构建充分彰显“制度反射性”③ 的阶层利益诉求凝聚、表达与践行机制。

---

① 苏伟：《当前中国社会各阶层分析》，《马克思主义研究》2016 年第 7 期。

② 董树彬、董鹏林：《政治吸纳视阈下人民政协界别变迁与优化》，《中州学刊》2019 年第 8 期。

③ ［英］帕特里克·贝尔特、［葡］菲利佩·卡雷拉·达·席尔瓦：《二十世纪以来的社会理论》，瞿铁鹏译，商务印书馆 2014 年版，第 211 页。

## 二、思想整合平台运营规范的过程性事项范围

该类思想整合平台运营事项旨在凸显所涉思想整合交流实践在交流资格、目标与程序维度的过程控制。其往往从人员身份、职能事项和行动环节这三个方面，来明晰所涉政治协商平台展开“协商式监督，同政治协商、参政议政相互贯通”[①] 的组织、实施过程，并就其相关思想整合协商交流来设定必要的活动控制方式。宪法序言中“发展社会主义民主；中国共产党领导的多党合作和政治协商制度将长期存在和发展”的方向性规定，与党章总纲中“广开言路，建立健全民主选举、民主协商、民主决策、民主管理、民主监督的制度和程序”的制度平台纲领性规定，一并确立了平台运营的三层结构。即以开放式运营为立足点，以民主化运营为载体模式，以永续性运营为目标方向。基于此，《中国人民政治协商会议章程》就该类结构事项予以了较为系统、全面的实施性规定，尝试通过从抽象的“工作总则、组织总则”到具体的“委员、全国委员会、地方委员会”之工作流程、运行程序的全方位规定，在“强调对话、讨论、辩论、审议与共识”[②] 的行动规程方面，来实现协商制度平台在“行为方式受组织行为惯性影响”[③] 维度对思想整合交流实践的过程控制指引。

① 林怀艺、杨达：《政治协商：“中国之治”的“制度密码”——人民政协的中国特色与国际比较》，《东南学术》2020 年第 5 期。

② 陈家刚：《协商民主与政治协商》，《学习与探索》2007 年第 2 期。

③ 李汉林：《关于组织中的社会团结——一种实证的分析》，《社会科学管理与评论》2012 年第 4 期。

## （一）人员身份面向的交流资格规范事项

人员身份是推动政治协商平台“规范化”① 运营的前提要件。该类规范事项旨在明晰执政党与其他社会成员作为政协委员来参与所涉平台思想整合协商交流的资格。《中国人民政治协商会议章程》“第三章　委员”从前置准入、过程权责和纪律惩戒这三个方面就该类事项予以了列明。

其一，就前置准入性资格而言。例如，《中国人民政治协商会议章程》第 30 条、第 31 条分别设定了实体性、程序性委员身份准入事项。基于此，有必要从意识形态、法纪观念和能力特质这三个方面来列明所涉实体性资格要求。首先，在意识形态方面，应以“热爱祖国”之爱国事项为基准性要求、以“拥护中国共产党的领导和社会主义事业”之主义立场事项为保障性要求、以“维护民族团结和国家统一”之国族统合事项为目标性要求。其次，在法纪观念方面，应以“遵守国家的宪法和法律”之守法事项为核心观念、以“保守国家秘密”之保密事项为延伸观念、以“廉洁自律”之操守事项为补充观念。最后，在能力特质方面，应以“在本界别中有代表性”之民意事项为主干性特质、以“有社会影响”之活动事项为支撑性特质、以“参政议政能力”之表达事项为手段性特质。此外，就程序性资格要求而言，有必要将各级政协“常务委员会”设定为委员身份决断机关，将“协商”设定为委员身份决断模式，进而将“相关程序”作为引致条款，大致依循“提名推荐、协商确定建议名单、政协常务委员会会议通过、公布”②

① 朱志昊：《论立法协商的概念、理论与类型》，《法制与社会发展》2015 年第 4 期。

② 《政协委员是如何产生的》，中国人民政治协商会议全国委员会网，2011 年 9 月 14 日，http://www.cppcc.gov.cn/2011/09/14/ARTI1315989242945739.shtml。

的步骤环节来具体设定。

其二，就过程权责性资格而言。例如，《中国人民政治协商会议章程》第32条就委员履职过程中的权责事项予以了原则性规定，第33条、第34条则分别列明了委员的两类权利与三类职责。基于此，有必要从依据、立场与方式这三个方面来厘清所涉权责原则事项，即应以《中国人民政治协商会议章程》相关规定为权责依据、以积极主动履职为基本立场、以勤勉认真为主要方式。此外，在委员权利方面，应将“表决权、选举权和被选举权”，设定为执政党与其他社会成员依托委员身份来展开形式意义建制型交流活动的程序性权利事项，旨在推进政治协商平台组织架构的确立、完善；将“提出意见、批评、建议的权利”，设定为执政党与其他社会成员依托委员身份来展开实质意义诉愿型交流活动的实体性权利事项，旨在推进政协的“政治协商、民主监督、参政议政”之主要职能的落实。在委员职责方面，则应将“密切联系群众”设定为从委员身份回归执政党与其他社会成员本色的属性职责；将“了解和反映他们的愿望和要求”设定为落实协商民主场域中“代表型民主”① 的手段职责；将“参加本会组织的会议和活动”设定为执政党与其他社会成员依托委员身份来实质性参与协商行动的保障职责。

其三，就纪律惩戒性资格而言。例如，《中国人民政治协商会议章程》第35条至第39条主要通过义务性规定与禁止性规定，设定了消极型纪律惩戒。基于此，有必要从履职纪律、辞退惩戒与引致惩戒这三个方面来厘清所涉纪律惩戒事项，并尝试确立专门的“罚则”条款以实

① 王绍光：《代表型民主与代议型民主》，《开放时代》2014年第2期。

现积极地责任追究或实施制裁。首先，在履职纪律方面，应围绕履职过程中的身份竞合事项予以禁止性规定，并通过“履职档案、履职通报”形式来设定相应的履职过程管理义务。其次，在辞退惩戒方面，应从“利益损害、违纪违法处理、虚假身份”这三个方面列明委员身份退出之禁止性规定的具体事由，并分别明晰主动辞职与责令辞职之义务性规定的具体事由。最后，在引致惩戒方面，应就违纪违法所涉“法律和有关规定”的规范效力连结予以义务性规定。

### （二）职能事项面向的交流目标规范事项

职能事项是推动政治协商平台“制度化”① 运营的客体表达。该类规范事项旨在厘清政治协商、民主监督和参政议政这三项主要职能，以确保执政党与其他社会成员实现思想整合协商交流的“协商水平真实性”② 效果回应。《中国人民政治协商会议章程》第 3 条和《中国人民政治协商会议全国委员会委员履职工作规则》③ “第二章　履职内容”就此予以了明确地解释性规定。《政协全国委员会关于政治协商、民主监督、参政议政的规定》④ 则予以了“规范化、制度化”的系统、专门规定。

---

① 朱志昊：《论立法协商的概念、理论与类型》，《法制与社会发展》2015 年第 4 期。

② 何包钢、陈承新：《中国协商民主制度》，《浙江大学学报（人文社会科学版）》2005 年第 3 期。

③ 《中国人民政治协商会议全国委员会委员履职工作规则》，中国人民政治协商会议全国委员会网，2019 年 3 月 2 日，http://www.cppcc.gov.cn/zxww/2019/03/02/ARTI1551495862779668.shtml。

④ 《政协全国委员会关于政治协商、民主监督、参政议政的规定》，中国人民政治协商会议全国委员会网，1995 年 1 月 14 日，http://www.cppcc.gov.cn/2011/12/16/ARTI1513309180907910.shtml。

其一，就政治协商职能事项而言。例如，《政协全国委员会关于政治协商、民主监督、参政议政的规定》第3条就宏观、中观协商事项的主要内容予以了列举式规定，并列明了六种主要的协商会议形式。基于此，有必要围绕“国家大政方针、地方重要举措”和“建设中的重要问题、发展重大问题”来分别明晰所涉宏观、中观协商事项，并进一步将“涉及群众切身利益的实际问题”① 所表征的微观事项纳入协商范围。此外，还应将协商活动聚焦于“决策之前和决策实施之中”这两个环节，从而凸显其前置式、过程化的智库决策咨询特性。

其二，就民主监督职能事项而言。例如，《政协全国委员会关于政治协商、民主监督、参政议政的规定》第4条就五类监督事项的主要内容予以了列举式规定，并列明了三种主要的民主监督形式。基于此，有必要分别明晰针对“国家宪法、法律和法规”的实施性监督事项，针对“重大方针政策、重大改革举措、重要决策部署”的执行性监督事项，针对“涉及人民群众切身利益实际问题”的落实性监督事项，针对“国家机关及其工作人员”的工作监督事项。此外，还应围绕“提出意见、批评、建议”，来具体厘清所涉诉愿监督方式。

其三，就参政议政职能事项而言。例如，《政协全国委员会关于政治协商、民主监督、参政议政的规定》第5条明确了参政议政的职能“拓展和延伸”属性，并就各类参加讨论事项的主要内容与形式，在第3条和第4条规定的范围外予以了补充性列举。事实上，所涉思想整合协商交流的参加讨论事项，在“重要问题”表征的中观层面和“普遍关心问题”表征的微观层面皆存在交集。基于此，有必要界分这两类

① 《中共中央关于全面深化改革若干重大问题的决定》，《人民日报》2013年11月16日。

事项展开行动的基本立场和出发点。协商事项应更多地从公权力行使者的角度出发，旨在促进由上至下、更为科学有效的权力行使决断；参加讨论事项则更多地是从公权力行使相对人的角度出发，旨在推动由下至上、公众参与维度的意愿表达。此外，还应围绕“调研报告、提案、建议案”等提出意见和建议的方式，来具体厘清所涉参加讨论方式。

### （三）行动环节面向的交流程序规范事项

行动环节是推动政治协商平台“程序化”[①] 运营的过程载体。该类规范事项旨在梳理执政党与其他社会成员实现思想整合协商交流的“步骤、方式、期限”[②] 等事项，以厘清诱发“制度类型化碎片发展的差异发展格局”[③] 而阻滞交流实效的影响要素。《中国人民政治协商会议章程》《中国人民政治协商会议全国委员会委员履职工作规则》《政协全国委员会关于政治协商、民主监督、参政议政的规定》相关规定围绕三项主要职能所设定的行动方式大致可分为调查、提案和会议这三类，即明晰了执政党与其他社会成员参与所涉平台协商交流行动的具体环节。

其一，就调查行动环节而言。例如，《中国人民政治协商会议章程》第 11 条就该类行动环节予以了明确的阐释性规定，第 3 条将“调研报告”设定为该类行动的主要结果样态，第 12 条则将“调查研究能力”列为作为委员的执政党与其他社会成员展开相应行动的一项基本能力要件。基于此，有必要将“各项事业和群众生活的重要问题”列

① 朱志昊：《论立法协商的概念、理论与类型》，《法制与社会发展》2015 年第 4 期。

② 袁文瀚：《信用监管的行政法解读》，《行政法学研究》2019 年第 1 期。

③ 王万华：《法治政府建设的程序主义进路》，《法学研究》2013 年第 4 期。

明为行动指向的对象，将“视察、考察和调查”设定为展开行动的具体方式，进而依循《中国人民政治协商会议全国委员会委员视察工作条例》[①] 和《全国政协加强和改进调研工作实施办法》[②] 等规范性文件的行为指引，尝试就所涉调查行动的属性定位、目标内容、原则要求、组织形式、实施程序与保障措施等事项予以体系化规定，并围绕推进调查行动的总体要求、确定选题步骤、组织实施阶段与成果转化事项来设定相应的实施性规程。

其二，就提案行动环节而言。例如，《中国人民政治协商会议章程》通过五处原则性规定，将该类行动环节设定为一种主要的协商行动方式和履职尽责载体表达。基于此，有必要依循《中国人民政治协商会议全国委员会提案工作条例》[③]、《政协全国委员会提案委员会关于提高提案质量的意见》[④]、《中国人民政治协商会议全国委员会提案办理协商办法》[⑤]、《中国人民政治协商会议全国委员会重点提案遴选与督办办法》[⑥]

---

① 《中国人民政治协商会议全国委员会委员视察工作条例》，中国人民政治协商会议全国委员会网，2005 年 1 月 17 日，http://www.cppcc.gov.cn/2011/09/06/ARTI1315304517625115.shtml。

② 《全国政协加强和改进调研工作实施办法》，中国人民政治协商会议全国委员会网，2019 年 3 月 2 日，http://www.cppcc.gov.cn/zxww/2019/03/02/ARTI1551496245490730.shtml。

③ 《中国人民政治协商会议全国委员会提案工作条例》，中国人民政治协商会议全国委员会网，2011 年 5 月 10 日，http://www.cppcc.gov.cn/2011/09/06/ARTI1315304517625103.shtml。

④ 《政协全国委员会提案委员会关于提高提案质量的意见》，中国人民政治协商会议全国委员会网，2019 年 2 月 27 日，http://www.cppcc.gov.cn/zxww/2019/02/27/ARTI1551249840985769.shtml。

⑤ 《中国人民政治协商会议全国委员会提案办理协商办法》，中国人民政治协商会议全国委员会网，2018 年 1 月 30 日，http://www.cppcc.gov.cn/zxww/2018/01/30/ARTI1517280241246547.shtml。

⑥ 《中国人民政治协商会议全国委员会重点提案遴选与督办办法》，中国人民政治协商会议全国委员会网，2018 年 1 月 30 日，http://www.cppcc.gov.cn/zxww/2018/01/30/ARTI1517280092357533.shtml。

等规范性文件的行为指引，尝试体系化设定所涉提案行动的属性定位、原则要求、机构设置、提案规程、督促办理、表彰保障等事项，并进一步通过提案的提出质量、立案审查、服务优化、办理协商、重点遴选、督促办理、采纳反馈等方面的可操作性规定来确保提案行动的协商实效。

其三，就会议行动环节而言。例如，《中国人民政治协商会议章程》第 4 条具体确立了该类行动环节之三层组织、六种会议的基本架构。会议是所涉平台实施思想整合协商交流的主要方式。基于此，有必要整合《中国人民政治协商会议章程》第 26 条、第 29 条、第 43 条至第 47 条、第 54 条至第 58 条等规范设定的行为指引，尝试就所涉“龙头”层面的“全体会议”事项予以体系化规定，进而依循《政协全国委员会专题协商会工作办法》① 和《中国人民政治协商会议全国委员会双周协商座谈会工作规则》② 等规范性文件的行为指引，围绕“重点”层面的两类专题会议和“常态”层面的三类协商会议，来具体明晰相应的属性定位、组织方式、会议规程等事项。

## 小　　结

在党的思想领导规范场域展开元规制层面的党内法规制定权限研

---

① 《政协全国委员会专题协商会工作办法》，中国人民政治协商会议全国委员会网，2018 年 1 月 30 日，http://www.cppcc.gov.cn/zxww/2018/01/30/ARTI1517277707069257.shtml。

② 《中国人民政治协商会议全国委员会双周协商座谈会工作规则》，中国人民政治协商会议全国委员会网，2018 年 1 月 30 日，http://www.cppcc.gov.cn/zxww/2018/01/30/ARTI1517277906525274.shtml。

究，应首先针对思想整合这一元规制命题，将元规制目标设定为：执政党通过思想整合来推动组织体内部围绕执政理念实现约束自身活动的有效回应。马克思主义大众化作为执政党与其他社会成员依托宣示性、指南性认同与遵守来实现思想整合的主要载体途径，有必要明晰其推动其他社会成员与执政党达成在意志、利益诉求乃至执政理念方面协调、契合之思想共识的特定准则和依据。其一，在思想整合的宣示性认同方面，应围绕所涉思想的党员、群团组织与民主党派这三个层次传播对象，来分别厘清相应的践行落实性、包容共识性与适应确认性事项范围。其二，在思想整合的宣示性遵守方面，应围绕所涉思想的教育培训、组织学习与积极履职这三类创新实践方式，来分别厘清相应的专业性、普及性与协商性事项范围。其三，在思想整合的指南性认同、遵守方面，应围绕所涉思想整合平台的建制与运营这两个方面，来分别厘清相应的结构性沟通与过程性交流事项范围。基于此，类型化阐明党的思想领导规范的制定权限事项表达要旨，有助于描述相应党内法规规范在实现对执政党自我规制的准据指引之元规制层面的特有属性，并为相应自我规制维度的党的政治领导规范与组织领导规范研究提供必要的因应检视。

# 结　语

党内法规作为一个实践先导性概念，伴随“五位一体”的中国特色社会主义法治体系建设目标的提出，而逐渐成为一类兼具理论共识与争鸣的学理命题。若尝试改变相关研究搬抄国家层面法律规范体系研究的偏狭进路，则应回归到党内法规的基本范畴来识别、提炼其独有规范特性。党内法规制定权限作为一个凸显实体、程序羁束性的规范意义概念，涵摄了党内法规制度体系从位阶到主体乃至事项配置与冲突等全方位命题，是彰显党内法规独有规范特性的一类范畴载体。从规范内涵、科层化事项配置、组织行为、自我规制、元规制这五个方面展开相应研究，是一个从概念到规范乃至行为、规制层面，对党内法规制定权限命题展开逐次阐明与多维类型化的解构与建构过程。本书分别以“党内法规制定权限的规范内涵论”“党内法规制定权限的科层化事项配置论”“党内法规制定权限的组织行为论”“功能目标与体系架构：党内法规制定权限的自我规制论”“思想整合：党内法规制定权限的元规制论”五章内容，完成对党内法规制定权限的法释义学研究，并得出以下结论。

第一，党内法规制定权限涵摄了党内法规制度体系从位阶到主体乃至事项配置与冲突等全方位命题，应分别以效力位阶体系和制定主体序列为对象，来完成对党内法规制定权限规范内涵的准据阐明与载体阐明。层级型配置样态中的党内法规内部效力位阶形成了一种金字塔式效力位阶等级结构，交错型配置样态中的党内法规外部效力位阶则形成了一种内外梯次交集式效力位阶耦合结构。既应在类型化静态建构模式下，确立中央层面党内法规制定主体的渊源性、目标性与事务性之层级分权体系，也应在授权化动态调整模式下，探索地方层面党内法规制定主体的补正平衡。

第二，党内法规的金字塔式效力位阶等级结构已然确立，有必要基于效力位阶差异性来探究其制定权限的科层化事项配置。制定中央党内法规的专属权限事项范围应分别凸显其立场、原则与践行的方向型事项表达，组织、自身建设、领导与监督保障的制度型事项表达，导向性、过程性特色与非常态化、阶段性特色的问题型事项表达。制定部门党内法规与地方党内法规的专属权限事项范围则应分别凸显其形式、实质要求的配套规定事项表达，领域结构性、层级区域性的职责履行事项表达，实体性、程序性要求的特殊授权事项表达。不同位阶党内法规亦有可能就非专属的同一类事项作出不同规定，而生成显性或隐性事项冲突。各类事项冲突的弥合目标应指向建设性或惩戒性备案审查，并以相应措施来推动所涉党内法规完成修改、清理或整合。

第三，党内法规制度体系各个板块在相应制定权限事项范围上存在的规制对象交集，使得其基于不同事务职能定位应凸显的功能适当化要义却较为模糊。有必要根据相关规范设定在组织型社会系统中的不同功能定位，来重新架构党内法规制度体系。进而从政党组织行为维度，来界分体系架构、干部人事和纪律检查这三类党内法规规范的制定权限范围。体系架构规范所设定的组织系统行为事项，既应凸显执政党的组织规程和办事规则之引领性组织章程事项，又应列明三级党组织和党组的静态组织结构事项，还应厘清各级各类组织的组织关系基本原则与组织活动要旨之动态运行机制事项，以成就执政党这一组织体的系统功能建构。干部人事规范所设定的组织成员行为事项，既应列明党员发展管理和党员义务权利的党员规范事项，还应厘清教育培训、选拔任用与监督考核之党的干部规范事项，以成就执政党这一组织体的成员资格自生性维护。纪律检查规范所设定的组织风险控制行为事项，既应列明纪律处分和问责处理之党的纪律规范事项，还应厘清强化组织机能与规范执纪监督之党的纪检机关规范事项，以成就执政党这一组织体及其成员的任务、行为监控。

第四，设置党内法规制定权限的规制目标旨在基于实现有序同心圆式依宪执政的现实考量，来科学构建党内法规的自律性规范体系。依循组织结构面向的自我规制策略，在党的政治领导规范与组织领导规范场域中探究党内法规制定权限命题，应首先完成党的政治领导规范与组织领导规范的规范属性识别，进而阐明这两类规范制定权限事项的表达要旨。一方面，围绕执政党在功能目标层面的自我规制事项来巩固党的政治领导，应从共同体价值认同和共同体价值创新这两个方面来展开规范设定。前者作为一种预设权威创制规范设定，具体指向实现价值层面宣示与教化的各类党内法规规范；后者作为一种预设权威变迁规范设定，具体指向实现价值层面形式与方法创新的各类党内法规规范。另一方面，围绕执政党在体系架构层面的自我规制事项来落实党的组织领导，应从组织结构优化和组织身份认同这两个方面来展开规范设定。前者作为一种静态意义的规范建构实践，具体指向实现组织体系建设与建设绩效结构优化的各类党内法规规范；后者作为一种动态意义的规范衔接实践，具体指向强化党员和党的干部身份认同的各类党内法规规范。

第五，依循元规制策略，在党的思想领导规范场域中探究党内法规制定权限命题，应首先针对思想整合这一元规制命题，将元规制目标设定为：执政党通过思想整合来推动组织体内部围绕执政理念实现约束自身活动的有效回应。马克思主义大众化作为执政党与其他社会成员依托宣示性、指南性认同与遵守来实现思想整合的主要载体途径，有必要明晰其推动其他社会成员与执政党达成在意志、利益诉求乃至执政理念方面协调、契合之思想共识的特定准则和依据。其一，在思想整合的宣示性认同方面，应围绕所涉思想的党员、群团组织与民主党派这三个层次传播对象，来分别厘清相应的践行落实性、包容共识性与适应确认性事项范围。其二，在思想整合的宣示性遵守方面，应围绕所涉思想的教育培训、组织学习与积极履职这三类创新实践方式，来分别厘清相应的专业性、普及性与协商性事项范围。其三，在思想整合的指南性认同、遵守方面，应围绕所涉思想整合平台的建制与运营这两个方面，来分别厘清相应的结构性沟通与过程性交流事项范围。

上述研究结论初步完成了本书的预设研究内容，即针对党内法规制定权限命题，展开规范内涵、事项配置与组织行为维度的“解构—释义”研究，以及自我规制、元规制策略引领下的“建构—检视”研究，最终实现逐次阐明与多维类型化的解构与建构式二阶全过程研究。或许本书研究所指向的党内法规制定权限命题略显小众，学界共鸣性较为偏狭。虽在法释义学研究方法与组织行为理论、自我规制理论、元规制理论等方面有一定印证、反思效应，但该研究的典型性、示范性、普遍性仍有待进一步检验。在今后的学习、工作中，有必要将其纳入党内法规法治化命题乃至更为宏大的中国特色社会主义法治理论建构、阐释与变革研究中进一步拓展、深化，而努力使之在解构与建构的过程中往返回溯、渐趋完善。后续应针对党的政治领导规范与组织领导规范之场域载体展开进一步的类型化精细研究，深入梳理本书没有专章关注的依宪执政共同体场域、协商民主制度平台与共识凝聚架构目标的因应检视命题，并尝试通过实证调查分析，就党员乃至公众参与党内法规制定问题展开必要的党内法规制定民主化研究。

# 参考文献

## 一、著作类

[1]［美］诺内特、塞尔兹尼克：《转变中的法律与社会：迈向回应型法》，张志铭译，中国政法大学出版社 1994 年版。

[2]［英］哈特：《法律的概念》，张文显译，中国大百科全书出版社 1996 年版。

[3]［德］斐迪南·滕尼斯：《共同体与社会：纯粹社会学的基本概念》，林荣远译，商务印书馆 1999 年版。

[4]［英］安东尼·吉登斯：《现代性的后果》，田禾译，译林出版社 2000 年版。

[5]［德］罗伯特·阿列克西：《法律论证理论——作为法律证立理论的理性论辩理论》，舒国滢译，中国法制出版社 2002 年版。

[6] 林尚立：《中国共产党执政方略》，上海社会科学院出版社 2002 年版。

[7]［美］凯斯·R. 孙斯坦：《风险与理性——安全、法律及环境》，师帅译，中国政法大学出版社 2005 年版。

[8] 侯通山：《党内法规精要 8 讲》，中国方正出版社 2005 年版。

[9] 金岳霖：《形式逻辑》，人民出版社 2006 年版。

[10] 马英娟：《政府监管机构研究》，北京大学出版社 2007 年版。

[11] 夏赞忠主编：《党内民主法规制度研究》，中国方正出版社 2009 年版。

[12] [英] 伊丽莎白・费雪:《风险规制与行政宪政主义》,沈岿译,法律出版社 2012 年版。

[13] 沈岿:《风险规制与行政法新发展》,法律出版社 2013 年版。

[14] 肖红:《中国共产党党内法规建设研究》,陕西科学技术出版社 2013 年版。

[15] 宋功德:《党规之治》,法律出版社 2015 年版。

[16] 李忠:《党内法规建设研究》,中国社会科学出版社 2015 年版。

[17] 王振民、施新州等:《中国共产党党内法规研究》,人民出版社 2016 年版。

[18] 李军:《中国共产党党内法规研究》,天津人民出版社 2016 年版。

[19] 江必新、程琥:《国家治理现代化与依法执政》,中国法制出版社 2016 年版。

[20] [英] 罗伯特・鲍德温、[英] 马丁・凯夫、[英] 马丁・洛奇编:《牛津规制手册》,宋华琳、李鸻、安永康、卢超译,上海三联书店 2017 年版。

[21] 李斌雄:《扎紧制度的笼子:中国共产党党内法规制度的重大发展研究》,武汉出版社 2017 年版。

[22] 任仲文:《从严治党永远在路上》,人民日报出版社 2017 年版。

[23] 戴木才:《中国共产党治国理政之道 坚持依法治国与以德治国相结合》,江西教育出版社 2017 年版。

[24] 张振芝:《依法治国理论和实现途径》,社会科学文献出版社 2017 年版。

[25] 冯玉军:《中国法治的道路与特色》,中国社会科学出版社 2017 年版。

[26] [德] 乌尔里希・贝克:《风险社会:新的现代性之路》,张文杰、何博闻译,译林出版社 2018 年版。

[27] 钱震华、程维荣:《新民主主义革命时期中国共产党党内法规》,上海三联书店 2018 年版。

[28] 段磊主编:《中国共产党党内法规思维导图》,湖北人民出版社 2018 年版。

[29] 欧爱民:《党内法规与国家法律关系论》,社会科学文献出版社 2018 年版。

［30］王振民主编：《党内法规制度研究》，清华大学出版社 2018 年版。

［31］彭阳春：《〈中国共产党纪律处分条例〉研析与评解》，法律出版社 2018 年版。

［32］杨云成：《中国共产党治理腐败的历程与经验研究》，中国社会科学出版社 2018 年版。

［33］廖秀健、雷浩伟：《党内法规制度解释问题研究》，人民日报出版社 2019 年版。

［34］黄文俊主编：《党领导司法工作党内法规研究》，人民法院出版社 2019 年版。

［35］王勇主编：《党内法规教程》，中共中央党校出版社 2019 年版。

［36］欧爱民：《中国共产党党内法规总论》，人民出版社 2019 年版。

［37］秦强：《以党内法规扎紧制度笼子》，人民日报出版社 2019 年版。

［38］张英伟：《全面从严治党永远在路上》，中国社会科学出版社 2019 年版。

［39］刘红凛：《新时代党的建设理论和实践创新研究》，人民出版社 2019 年版。

［40］李景田、张恒山等：《中国特色社会主义制度中的政治法律建设》，人民出版社 2019 年版。

［41］郭世杰：《党内法规与国家法律的衔接和协调机制研究》，中国民主法制出版社 2019 年版。

［42］［德］尼克拉斯·卢曼：《风险社会学》，孙一洲译，广西人民出版社 2020 年版。

［43］章志远主编：《党内法规学原论》，中国法制出版社 2020 年版。

［44］章志远主编：《党内法规专题研究述评》，中国法制出版社 2020 年版。

［45］章志远主编：《党内法规实施典型事例评析》，中国法制出版社 2020 年版。

［46］陈光、赵大千、邵慧峰：《党内法规的运行》，中央编译出版社 2021 年版。

［47］王立峰主编：《做一名遵规守纪的共产党员新时代党内法规理解与适用》，中国政法大学出版社 2021 年版。

[48] 宋功德:《党规之治:党内法规一般原理》,法律出版社 2021 年版。

[49] 秦强:《读懂党内法规》,中国人民大学出版社 2022 年版。

[50] 王然:《中国共产党党内法规的规范特质及生成逻辑》,清华大学出版社 2022 年版。

## 二、期刊论文类

[1] 李元书:《政治社会化:涵义、特征、功能》,《政治学研究》1998 年第 2 期。

[2] 徐育苗:《论当代中国政党制度的主要特色》,《社会主义研究》2001 年第 3 期。

[3] 石泰峰、张恒山:《论中国共产党依法执政》,《中国社会科学》2003 年第 1 期。

[4] 韩强:《对建立和完善党政领导干部考核评价指标体系的若干思考》,《政治学研究》2003 年第 4 期。

[5] 李乐刚:《论构建完备的共产党员行为规范体系》,《中州学刊》2003 年第 6 期。

[6] 朱光磊、周振超:《党政关系规范化研究》,《政治学研究》2004 年第 3 期。

[7] 罗豪才、宋功德:《和谐社会的公法建构》,《中国法学》2004 年第 6 期。

[8] 朱光磊、周振超:《"党政关系规范化"与党的执政能力建设》,《中国党政干部论坛》2005 年第 1 期。

[9] 郭兴利:《党员义务本位论:党员义务与权利关系的文本解读》,《南昌大学学报(人文社会科学版)》2006 年第 1 期。

[10] 罗豪才、宋功德:《认真对待软法——公域软法的一般理论及其中国实践》,《中国法学》2006 年第 2 期。

[11] 姜明安:《软法的兴起与软法之治》,《中国法学》2006 年第 2 期。

[12] 臧乃康:《地方党政关系规范化悖论与消解》,《政治与法律》2006 年第 4 期。

［13］孔繁斌：《多中心治理诠释——基于承认政治的视角》，《南京大学学报（哲学·人文科学·社会科学版）》2007年第6期。

［14］李龙：《论中国特色社会主义民主政治的根本原则——“坚持党的领导、人民当家作主、依法治国有机统一”初探》，《政治学研究》2008年第5期。

［15］操申斌：《“党内法规”概念证成与辨析》，《当代世界与社会主义》2008年第3期。

［16］游劝荣：《地方党组织与国家权力机关相互关系运行机制研究》，《东南学术》2009年第1期。

［17］操申斌：《改革开放以来中国共产党党内法规制度建设的几个主要特征》，《党的文献》2009年第4期。

［18］操申斌：《党内法规与国家法律协调路径探讨》，《探索》2010年第2期。

［19］林尚立：《政党制度与中国民主：基于政治学的考察》，《武汉大学学报（哲学社会科学版）》2010年第3期。

［20］吴新叶：《依法执政应包括党内法规》，《探索与争鸣》2010年第4期。

［21］何益忠：《党的创立及国民革命时期党内法规建设述论》，《湖北社会科学》2010年第6期。

［22］许小莲：《“党内法规”法律地位之考证》，《求实》2010年第7期。

［23］操申斌：《党内法规制度执行力的若干限制因素分析》，《科学社会主义》2011年第2期。

［24］程竹汝：《中国共产党领导的多党合作和政治协商制度基本理论问题思考》，《政治学研究》2011年第2期。

［25］朱景文：《中国特色社会主义法律体系：结构、特色和趋势》，《中国社会科学》2011年第3期。

［26］张立伟：《法治视野下党内法规与国家法的协调》，《中共中央党校学报》2011年第3期。

［27］操申斌：《党内法规制度执行不力的立法探源》，《理论探讨》2011年第2期。

［28］周叶中：《关于中国共产党党内法规建设的思考》，《法学论坛》2011年第4期。

[29] 陈文:《政党嵌入与体制吸纳——执政党引领群众自治的双向路径》,《深圳大学学报(人文社会科学版)》2011年第4期。

[30] 王立峰:《依法执政与党内法规建设》,《中国党政干部论坛》2012年第1期。

[31] 罗中枢:《党政领导干部的分类选用、考核和管理探析》,《四川大学学报(哲学社会科学版)》2012年第1期。

[32] 操申斌:《论党内法规机制的构建与完善》,《探索》2012年第2期。

[33] 韩强:《论党内法规的时效性问题》,《探索》2012年第2期。

[34] 姜明安:《论中国共产党党内法规的性质与作用》,《北京大学学报(哲学社会科学版)》2012年第3期。

[35] 王振民:《党内法规制度体系建设的基本理论问题》,《中国高校社会科学》2013年第5期。

[36] 李军:《法治视阈下的党内法规》,《新疆社会科学》2013年第6期。

[37] 张晓燕:《求真务实地研究和解决党内法规制度建设的重点、难点问题》,《中国党政干部论坛》2013年第9期。

[38] 翟国强:《中国宪法实施的双轨制》,《法学研究》2014年第3期。

[39] 袁峰:《自主性与适应性视角下的政党自我革新能力分析》,《理论与改革》2014年第4期。

[40] 张文显:《法治与国家治理现代化》,《中国法学》2014年第4期。

[41] 徐信贵:《依法治党的基本问题与实现要素》,《探索》2014年第4期。

[42] 肖金明:《论通过党内法治推进党内治理——兼论党内法治与国家治理现代化的逻辑关联》,《山东大学学报(哲学社会科学版)》2014年第5期。

[43] 韩强:《论健全完善党内法规体系》,《中国井冈山干部学院学报》2014年第6期。

[44] 韩强、谭建:《论党内法规的溯及既往问题》,《江西社会科学》2014年第6期。

[45] 韩强:《论提高党内法规建设的科学化水平》,《求实》2014年第7期。

[46] 马立新:《党内法规与国家法规规章备案审查衔接联动机制探讨》,《学习与探索》2014年第12期。

［47］孙才华、方世荣：《论党内法规与国家法律的相互作用》，《湖北社会科学》2015 年第 1 期。

［48］杨云成、张希贤：《构建党内法规体系的三项任务》，《理论探索》2015 年第 1 期。

［49］蒯正明、任秀娟：《新形势下加强党内法规制度建设的路径探析》，《探索》2015 年第 1 期。

［50］马立新：《论依法改革与完善党内法规审查制度》，《贵州社会科学》2015 年第 1 期。

［51］王立峰：《党规与国法一致性的证成逻辑——以中国特色社会主义法治为视域》，《南京社会科学》2015 年第 2 期。

［52］付子堂：《法治体系内的党内法规探析》，《中共中央党校学报》2015 年第 3 期。

［53］陈云良、蒋清华：《中国共产党领导权法理分析论纲》，《法制与社会发展》2015 年第 3 期。

［54］施新州：《中国共产党党内法规体系的内涵、特征与功能论析》，《中共中央党校学报》2015 年第 3 期。

［55］田飞龙：《法治国家进程中的政党法制》，《法学论坛》2015 年第 3 期。

［56］强世功：《党章与宪法：多元一体法治共和国的建构》，《文化纵横》2015 年第 4 期。

［57］屠凯：《党内法规的二重属性：法律与政策》，《中共浙江省委党校学报》2015 年第 5 期。

［58］曹秋龙：《依法执政背景下的党内法规性质研究》，《学术探索》2015 年第 5 期。

［59］金成波、张源：《试论党内法规体系的完善》，《科学社会主义》2015 年第 6 期。

［60］朱景文：《论法治评估的类型化》，《中国社会科学》2015 年第 7 期。

［61］莫纪宏：《建立和完善党内法规的监督机制》，《学习与探索》2015 年第 10 期。

［62］韩强：《党内法规与国家法律的协同问题研究》，《理论学刊》2015 年第

12期。

［63］汪习根、宋丁博男：《论党领导立法的实现方式》，《中共中央党校学报》2016年第2期。

［64］王春业：《论将党内法规纳入国家法律体系》，《天津师范大学学报（社会科学版）》2016年第3期。

［65］谢宇：《论中国共产党党内法规的法治化》，《云南社会科学》2016年第3期。

［66］蔡文华：《论依规治党的内涵、目标及其实践路径》，《探索》2016年第4期。

［67］秦前红、苏绍龙：《党内法规与国家法律衔接和协调的基准与路径——兼论备案审查衔接联动机制》，《法律科学（西北政法大学学报）》2016年第5期。

［68］刘长秋：《关于党内法规的几个重要理论问题》，《理论学刊》2016年第5期。

［69］王若磊：《依规治党与依法治国的关系》，《法学研究》2016年第6期。

［70］武小川：《"党内法规"的权力规限论——兼论"党内法规"软法论的应用局限》，《中共中央党校学报》2016年第6期。

［71］肖金明：《关于党内法治概念的一般认识》，《山东社会科学》2016年第6期。

［72］苗雨：《中国共产党党内法治的历史发展和经验总结》，《山东社会科学》2016年第6期。

［73］肖金明：《论党内法治体系的基本构成》，《中共中央党校学报》2016年第6期。

［74］蔡金荣：《依法治国方略中的中国共产党党内法规：正名与定位》，《求实》2016年第11期。

［75］邵从清：《论提高党内法规制度体系执行力》，《山东社会科学》2016年第12期。

［76］王立峰、吕永祥：《党内问责机制：推进全面从严治党的有效路径》，《探索》2017年第1期。

［77］廉睿、卫跃宁：《发端于中国本土的"软法"机制——中国共产党"党

内法规”的性质透析及其逻辑解构》,《青海社会科学》2017 年第 1 期。

[78] 陈柳裕:《党内法规:内涵、外延及与法律之关系——学习贯彻党的十八届六中全会精神的思考》,《浙江学刊》2017 年第 1 期。

[79] 胡肖华、聂辛东:《论党内法规二元双维备案审查机制的建构》,《湘潭大学学报(哲学社会科学版)》2017 年第 1 期。

[80] 孙才华:《论党内法规解释的规范化》,《湖湘论坛》2017 年第 1 期。

[81] 陆宇峰:《依规治党与依法治国相统一的原理和要求》,《当代世界与社会主义》2017 年第 1 期。

[82] 徐信贵:《党内法规的规范属性与制定问题研究》,《探索》2017 年第 2 期。

[83] 李树忠:《党内法规与国家法律关系的再阐释》,《中国法律评论》2017 年第 2 期。

[84] 姜明安:《论党内法规在依法治国中的作用》,《中共中央党校学报》2017 年第 2 期。

[85] 肖金明:《法学视野下的党规学学科建设》,《法学论坛》2017 年第 2 期。

[86] 王建芹:《法治视野下的党内法规体系建设》,《中共浙江省委党校学报》2017 年第 3 期。

[87] 陈光:《党内法规在社区治理中的作用研究》,《中共浙江省委党校学报》2017 年第 3 期。

[88] 陈柏峰:《党内法规的功用和定位》,《国家检察官学院学报》2017 年第 3 期。

[89] 王勇:《再论党内法规与国家法律间的关系》,《理论与改革》2017 年第 3 期。

[90] 张晓燕:《关于党内法规制度实施体系建设的思考和建议》,《理论学刊》2017 年第 3 期。

[91] 汪全胜、黄兰松:《党内法规的可操作性评估研究》,《中共浙江省委党校学报》2017 年第 3 期。

[92] 李林:《科学定义“党内法规”概念的几个问题》,《东方法学》2017 年第 4 期。

[93] 沈国明:《论依法治国、依法执政、依规治党的关系》,《东方法学》2017 年第 4 期。

[94] 武小川:《“党内法规”的约定俗成论——兼论“法规”的语义演变》,《中共中央党校学报》2017 年第 4 期。

[95] 朱光磊:《全面深化改革进程中的中国新治理观》,《中国社会科学》2017 年第 4 期。

[96] 侯嘉斌:《中国共产党党内法规建设的价值导向:从功能主义到规范主义的嬗变》,《中共中央党校学报》2017 年第 4 期。

[97] 王耀海:《党内法规的制度定位——马克思主义法学探索之四》,《东方法学》2017 年第 4 期。

[98] 王建芹:《党内法规清理标准的科学化构建》,《理论学刊》2017 年第 4 期。

[99] 蒯正明:《将党内法规纳入社会主义法治化国家建设中的若干思考》,《中南大学学报(社会科学版)》2017 年第 4 期。

[100] 王勇:《正确把握国家法律与党内法规之间的关系》,《理论视野》2017 年第 4 期。

[101] 莫纪宏:《党内法规体系建设重在实效》,《东方法学》2017 年第 4 期。

[102] 周叶中:《关于中国共产党党内法规体系化的思考》,《武汉大学学报(哲学社会科学版)》2017 年第 5 期。

[103] 李忠:《构建依规治党法规制度体系研究》,《西北大学学报(哲学社会科学版)》2017 年第 5 期。

[104] 冯浩:《中国共产党党内法规的功能与作用》,《河北法学》2017 年第 5 期。

[105] 胡文木:《论党内法规对权力的规制》,《浙江学刊》2017 年第 6 期。

[106] 李林:《论“党内法规”的概念》,《法治现代化研究》2017 年第 6 期。

[107] 姚建宗:《中国特色社会主义新时代法治建设的实践行动纲领——中国共产党十九大报告的法学解读》,《法制与社会发展》2017 年第 6 期。

[108] 赵谦:《论协商民主下依宪执政的共同体属性》,《河北法学》2017 年第 7 期。

[109] 管华:《党内法规质量评估标准研究》,《学习与实践》2017 年第 7 期。

[110] 刘长秋:《论党内法规的概念与属性——兼论党内法规为什么不宜上升为国家法》,《马克思主义研究》2017 年第 10 期。

[111] 谢宇:《宪法惯例与自治规范的二元界分——论党内法规在我国法治体系中的定位》,《探索与争鸣》2017 年第 11 期。

[112] 段磊:《论党内法规与规范性文件备案的审查基准》,《学习与实践》2017 年第 12 期。

[113] 侯嘉斌:《党内法规与国家法律衔接协调的实现机制研究》,《社会主义研究》2018 年第 1 期。

[114] 姬亚平、支菡箴:《论党内法规与国家法律的协调和衔接》,《河北法学》2018 年第 1 期。

[115] 屠凯:《论党内法规制度体系的主要部门及其设置标准》,《中共中央党校学报》2018 年第 1 期。

[116] 陈光:《论党内立规语言的模糊性及其平衡》,《中共中央党校学报》2018 年第 1 期。

[117] 欧爱民、李丹:《党内法规法定概念之评述与重构》,《湘潭大学学报(哲学社会科学版)》2018 年第 1 期。

[118] 伍华军:《论党内法规的基本范畴》,《法学杂志》2018 年第 2 期。

[119] 王伟国:《国家治理体系视角下党内法规研究的基础概念辨析》,《中国法学》2018 年第 2 期。

[120] 童彬:《党内法规制定权和程序机制研究——以副省级城市和省会城市党委制定党内法规为例》,《探索》2018 年第 2 期。

[121] 宋功德:《坚持依规治党》,《中国法学》2018 年第 2 期。

[122] 武小川:《“党内法规”的概念实用论——兼论法律概念的外部影响》,《中共中央党校学报》2018 年第 2 期。

[123] 欧爱民:《党内法规的双重特性》,《湖湘论坛》2018 年第 3 期。

[124] 陈光:《论党内法规制度体系化视角下的党内立规协调》,《理论与改革》2018 年第 3 期。

[125] 周叶中、邓书琴:《论中国共产党党内法规的价值取向——以党员义务

和党员权利为视角》,《中共中央党校学报》2018 年第 4 期。

[126] 姚尚贤:《比较视域下党内法规体系的法治化进路》,《江西社会科学》2018 年第 3 期。

[127] 刘茂林:《宪法体制视角下的党内法规体系化》,《中共中央党校学报》2018 年第 4 期。

[128] 刘权:《党政机关合署办公的反思与完善》,《行政法学研究》2018 年第 5 期。

[129] 石佑启、李杰:《论提高党内法规的执行力》,《学术研究》2018 年第 5 期。

[130] 叶正国:《习近平新时代党内法规质量思想研究》,《武汉大学学报(哲学社会科学版)》2018 年第 5 期。

[131] 苏绍龙:《论党内法规的制定主体》,《四川师范大学学报(社会科学版)》2018 年第 5 期。

[132] 潘高峰:《党内法规与国家法律衔接协同的几个基本问题》,《南京社会科学》2018 年第 8 期。

[133] 杜金根、梁军:《党内法规论域下的地方治理模式迭代研究——基于地方党政领导班子绩效考核的视角》,《学术研究》2018 年第 8 期。

[134] 李斌雄、王荣:《中国共产党党内法规制定试点工作的缘由、关键及其规范》,《学习与实践》2018 年第 10 期。

[135] 刘昱辉:《党内法规的定位探析》,《河北法学》2018 年第 10 期。

[136] 赵谦:《执政不作为治理研究》,《法学杂志》2018 年第 12 期。

[137] 李国梁:《论党内法规制定体制的发展与完善》,《探索》2019 年第 1 期。

[138] 苏绍龙、秦前红:《论党内法规的适用规则》,《华南师范大学学报(社会科学版)》2019 年第 1 期。

[139] 刘怡达:《论纪检监察权的二元属性及其党规国法共治》,《社会主义研究》2019 年第 1 期。

[140] 刘艳红:《〈监察法〉与其他规范衔接的基本问题研究》,《法学论坛》2019 年第 1 期。

［141］江国华：《正当性、权限与边界——特别权力关系理论与党内法规之证成》，《法律科学（西北政法大学学报）》2019 年第 1 期。

［142］石佑启、陈可翔：《新时代党内法规体系建设的价值取向与路径选择》，《求索》2019 年第 1 期。

［143］肖金明、冯晓畅：《治理现代化视域下的党内法规定位——兼与“党内法规是软法”商榷》，《四川师范大学学报（社会科学版）》2019 年第 1 期。

［144］李忠：《党内法规制度合宪性审查初探》，《西北大学学报（哲学社会科学版）》2019 年第 1 期。

［145］章志远：《论党内法规制定中的党员参与》，《法治研究》2019 年第 2 期。

［146］李福林：《党内法规评估标准体系化探究》，《广东社会科学》2019 年第 2 期。

［147］周望：《党内法规制定主体研究：制度、实践与法理——兼论〈中国共产党党内法规制定条例〉的完善》，《吉林大学社会科学学报》2019 年第 3 期。

［148］伊士国、郭康：《论党内法规实施后评估指标体系之构建》，《政法论丛》2019 年第 4 期。

［149］朱景文：《关于党内法规实施及其效果评估的几个问题》，《陕西师范大学学报（哲学社会科学版）》2019 年第 4 期。

［150］石亚军、霍沛：《深化党和国家机构改革促进党内法规制度建设》，《政法论坛》2019 年第 4 期。

［151］章志远：《党内法规研究方法论探析》，《法学论坛》2019 年第 4 期。

［152］李玮：《论党内法规的合宪性审查》，《苏州大学学报（哲学社会科学版）》2019 年第 4 期。

［153］侯继虎：《新时代党内法规体系化的法理逻辑与发展路径》，《政治与法律》2019 年第 4 期。

［154］段磊：《论党内法规的明确性原则》，《法学评论》2019 年第 5 期。

［155］方堃：《论“依章治党”——以中国共产党党内法规制度体系建设为背景》，《江苏社会科学》2019 年第 5 期。

［156］管华：《党内法规制定技术规范论纲》，《中国法学》2019 年第 6 期。

[157] 刘作翔:《当代中国的规范体系:理论与制度结构》,《中国社会科学》2019年第7期。

[158] 曾钰诚:《新时代党内法规建设:目标、问题与路径》,《中州学刊》2019年第11期。

[159] 王建芹、马尚:《党内法规解释功能的若干基础性问题研究》,《学习与实践》2019年第11期。

[160] 祝捷、王萌:《论党内法规配套立规的政治逻辑及其制度实现》,《河南社会科学》2020年第2期。

[161] 周叶中、邵帅:《论依规治党》,《学习与实践》2020年第2期。

[162] 陈莹莹:《党内法规执行机制研究》,《法学评论》2020年第3期。

[163] 郭忠:《论党内法规法性质之独特性——从党内法规的道德性角度分析》,《甘肃社会科学》2020年第3期。

[164] 徐信贵:《党政联合发文的备案审查问题》,《理论与改革》2020年第3期。

[165] 张海涛:《"国家法律高于党内法规"的理论反思与关系重构——一个社会宪治的分析进路》,《湖北社会科学》2020年第3期。

[166] 段磊:《党内法规渊源论》,《四川师范大学学报(社会科学版)》2020年第4期。

[167] 薛刚凌:《党的组织法基本问题研究》,《法学杂志》2020年第5期。

[168] 王锴、于洁:《论党内法规的法源属性》,《理论与改革》2020年第6期。

[169] 伊士国:《党内法规实施保障体系之构建》,《河南社会科学》2020年第6期。

[170] 伍华军、赵晨阳:《论党内法规责任条款及其规范设置》,《河南社会科学》2020年第8期。

[171] 叶海波:《中国共产党依规治党的法治基因及其百年历史演进》,《武汉大学学报(哲学社会科学版)》2021年第1期。

[172] 王伟国:《党内法规作为新时代中国法学新范畴论纲》,《中共中央党校(国家行政学院)学报》2021年第1期。

［173］魏治勋：《党内法规特征的多元向度》，《东方法学》2021 年第 1 期。

［174］王立峰、李洪川：《党内法规的三重属性》，《学习与实践》2021 年第 1 期。

［175］金成波：《论党内法规实施体系的构建》，《中共中央党校（国家行政学院）学报》2021 年第 1 期。

［176］赵谦：《论党内法规制定权限的科层化事项配置》，《湖北社会科学》2021 年第 1 期。

［177］赵谦、余月：《系统、成员与风险控制：党内法规制定权限的组织行为论》，《四川师范大学学报（社会科学版）》2021 年第 3 期。

［178］祝捷、宋润润：《论党内法规制定中的前置审核程序——基于推进党内法规制度供给侧结构性改革的思考》，《河南社会科学》2021 年第 3 期。

［179］王勇：《论党内法规的制度属性》，《中共中央党校（国家行政学院）学报》2021 年第 3 期。

［180］周叶中、邵帅：《论中国共产党党内法规的效力》，《中国法律评论》2021 年第 3 期。

［181］赵谦：《共识凝聚：依宪执政领导条款的政治事项论》，《西南民族大学学报（人文社会科学版）》2021 年第 4 期。

［182］宋功德：《党内法规的百年演进与治理之道》，《中国法学》2021 年第 5 期。

［183］段磊、熊娜：《党内法规制定权限划分的变迁及其政治逻辑》，《学习与实践》2021 年第 5 期。

［184］周叶中、邵帅：《论党内法规的基本内涵》，《湘潭大学学报（哲学社会科学版）》2021 年第 5 期。

［185］章志远：《从立规论到释规论：党内法规研究范式的时代转向》，《东岳论丛》2021 年第 6 期。

［186］朱林方：《党内法规若干基本范畴思辨》，《国家检察官学院学报》2021 年第 6 期。

［187］孟涛：《党内法规体系的形成与完善》，《法学研究》2021 年第 6 期。

［188］秦奥蕾：《党内法规与国家立法关系中的机构编制法定化》，《法学论

坛》2021 年第 6 期。

[189] 段磊、熊娜:《党内法规概念的演变与发展——一种学说史的梳理》,《中南民族大学学报(人文社会科学版)》2021 年第 7 期。

[190] 宋琳璘、汪全胜:《党内法规执行评估指标体系构建研究》,《江西社会科学》2021 年第 11 期。

[191] 章志远:《党内法规体系形成后时代的发展任务》,《暨南学报(哲学社会科学版)》2021 年第 12 期。

[192] 祝捷:《论党内法规的规范性——基于党史和学理的双重考察》,《暨南学报(哲学社会科学版)》2021 年第 12 期。

[193] 王立峰:《党内法规研究向何处去——党内法规研究的知识图谱、现状反思及自主性理论构建》,《郑州大学学报(哲学社会科学版)》2022 年第 1 期。

[194] 孟涛:《论党内法规的法典化》,《江苏行政学院学报》2022 年第 2 期。

[195] 王立峰:《论党内法规的内在基础》,《中共中央党校(国家行政学院)学报》2022 年第 2 期。

[196] 秦前红、薛小涵:《论党内法规体系中比例原则的适用》,《武汉大学学报(哲学社会科学版)》2022 年第 3 期。

[197] 祝捷、宋润润:《论党内法规保留原则》,《四川师范大学学报(社会科学版)》2022 年第 3 期。

[198] 邓嵘:《党内法规制定的标准化及其推进路径》,《四川师范大学学报(社会科学版)》2022 年第 3 期。

[199] 庄德水:《新时代党的领导法规的政治性分析及规范进路》,《理论与改革》2022 年第 3 期。

[200] 谭波、夏清明:《党内立规主体的设置及其放权配给》,《广西社会科学》2022 年第 3 期。

# 后　　记

此刻的后记写作心情是极为复杂的，等了许久的课题申报信息仍是枉然。今年的课题申报开了个好头，但寄予期盼的两项关键课题却皆为泡影。也许正是希望越大、失望越大。情绪低落但挫折感却没早些年那么强了，迅速地对手头事项进行了重新调配，也就有了这部著作的定性与补位。2022 年很难，但仍满怀希望。从哪儿来？到哪儿去？为了谁？静居在家二十余日，这几个问题不断地在脑中萦绕。个人需要不断地灵魂自省，每每与学生论及现行宪法序言中的“坚持真理，修正错误”，更多地是鼓起了自己坚持理想、信念与使命的勇气。没有一个冬天不可逾越，再难的岁月都坚持下来了，何惧眼下的小小挫折？

感谢恩师付子堂教授！没有老师的温言勉励，很多事情是难以想象更勿论有机会达成的。博士后入站学习近四年，虽然身处同城异校，但疫情三年多阻隔了太多的当面聆讯可能。不多的相处机会，一幕幕影像画面浮现眼前，不禁泪眼婆娑。想起了老师领着自己吃的第一顿西政食堂，想起了那天的紧张与努力塞完的餐盘，想起了老师微信发来的每一个“大拇指”，已然哽咽。自己亦为人师，与学生打交道时总是不断闪现恩师的点滴垂范。幸遇良师，这就是命运给予的最大恩赐！

感谢武汉大学党内法规研究中心！虽然近十年前就开始尝试党内法规相关研究，但皆为散乱的感触式思考，直至 2019 年获批的研究中心委托课题，助推了自己在党内法规领域的体系化研究。从最初预设的一篇研究报告，到四篇、十篇论文，甚至更多。在这个领域每每尝试往前迈进一步，总会迎来更多的小心谨慎与深刻省思，裂变式、线索式考量似乎成为了自己的“作茧自缚”型研究范式。做精致些，总好过蒙头胡吹吧？

感谢师兄张震教授！这些年来我们相互扶持，共同经历了太多的喜怒哀乐。失意时的彼此倾诉、顺意时的真诚分享，不经意间的一个电话、一条信息，总来的那样恰到好处、贴近心底最柔软的那一侧。友不贵乎多，贵乎挚！阴霾终归散去，彼此都会更好的。

感谢重庆大学的陈伯礼教授！十余年来和陈老师在各种场合的每次相遇，总能切身领悟敦睦长者之风与倾力提携之情。感谢西政法理学科的周祖成教授、周尚君教授、陆幸福教授、赵树坤教授、郭忠教授、胡兴建教授！虽然参与学科过程性培养活动的机会不多，但思维新知、火花的获取总能在不经意间悄然而至。

感谢我的家人！吾家有长女初试啼、幼女正绕膝，学习、成长的那份艰辛与喜悦，期盼能在未来更多的亲情陪伴中共同经历。与张老师一起磕磕碰碰这些年，生活的日常便是在彼此确信的相守中更显可贵。行至不惑之年，庆幸父母始终常伴身边，健康、快乐需要长久延续，携手分享自己的点滴进步与奋斗所获。

感谢我的学生！齐头并进的成长道路上会有人跟上自己的脚步，会有人慢慢渐行渐远，也会有人形同陌路。这份职业所带来的即是前行列车上不断的分与合，“下一站，天生”！再下一站，便是各自人生的星辰大海。但总归会有那段青春岁月，留下彼此可能的印记。希望它更多地是美好的回忆与理想愿景的殷殷期许。

感谢所供职的西南大学法学院和提供资助的系列项目！来到缙云山下已近十八年，这里有我的“青椒”岁月，有我的奋斗过往，也有我的努力方向。珍惜这份“天生之约”，它是值得毕生付出去长相守的。期盼课题经费与产出成果能够一直持续、互动，虽然鞭策总会常常到来，但付出了总归会有回报的。“苦心人、天不负”！

一个美好而充满希望的社会，能让每个努力生活的人都有退路，也有各自的奋斗方向。生活不易，砥砺自己勇气与坚守的同时，期盼也给周边带来更多的温暖。心存善良，所见皆阳光。

赵　谦

2022 年 11 月 29 日

责任编辑:李媛媛
封面设计:周方亚

**图书在版编目(CIP)数据**

党内法规制定权限研究/赵谦 著. —北京:人民出版社,2024.3
ISBN 978 - 7 - 01 - 026126 - 3

Ⅰ.①党… Ⅱ.①赵… Ⅲ.①中国共产党-党的纪律-法规-研究
Ⅳ.①D262.13

中国国家版本馆 CIP 数据核字(2023)第 225202 号

**党内法规制定权限研究**
DANGNEI FAGUI ZHIDING QUANXIAN YANJIU

赵 谦 著

人民出版社 出版发行
(100706 北京市东城区隆福寺街 99 号)

中煤(北京)印务有限公司印刷 新华书店经销

2024 年 3 月第 1 版 2024 年 3 月北京第 1 次印刷
开本:710 毫米×1000 毫米 1/16 印张:12.5
字数:150 千字

ISBN 978 - 7 - 01 - 026126 - 3 定价:68.00 元

邮购地址 100706 北京市东城区隆福寺街 99 号
人民东方图书销售中心 电话 (010)65250042 65289539